Selbsthypnose – Entdecke Deine Möglichkeiten

MATTHIAS WERNER

Impressum

Autor: Matthias Werner

Am langen Rech 1a
55283 Nierstein
info@mw-mz.de

Tag der Veröffentlichung: 27.03.2017
www.matthias-werner-mentaltraining.de

Hinweis
Es wird ausdrücklich darauf hingewiesen, dass die in diesem Buch genannten Techniken nicht die Dienste eines Arztes oder Heilpraktikers ersetzen.
Meine Tätigkeit grenzt sich grundlegend von der Tätigkeit des Arztes oder des Heilpraktikers ab, indem keine Diagnosen gestellt oder Heilungsversprechen abgegeben werden.
Es werden keine Leiden mit medizinischem Erfordernis oder Hintergrund behandelt oder Medikamente verabreicht. Sollten Sie sich wegen irgendeines Leidens in medizinischer Behandlung befinden, so unterbrechen Sie diese auf keinen Fall ohne vorherige Absprache mit Ihrem Arzt.
Mein Tätigkeitsschwerpunkt liegt in der Prävention. Keinesfalls werden Heilungsversprechen abgegeben!

ISBN:
9781520924731

WIDMUNG

Für die Klienten und Athleten, die ich in all den Jahren auf ihrem Weg begleiten durfte.

Inhalt

DANKSAGUNG

Vielen Dank an alle, die mich während der Erstellung dieses Buchs unterstützt haben. Ihr habt mir viele Ideen und Anregungen geliefert. Und wenn die Energie mal verbraucht war, hat ein Gespräch bei einer guten Tasse Kaffee sehr viel geholfen.

Und einige dieser Unterstützer möchte ich hier namentlich erwähnen, da es ohne Euch sehr schwer gewesen wäre dieses Buch zu veröffentlichen.

Dr. med. Nadine Pister, Kayhan Cakici, Gero Mayer, Martin Daum, Jens Gehindy

Vielen Dank für Eure Unterstützung!

GUTEN TAG

Guten Tag, sehr geehrter Leser… oder guten Abend, lesen Sie gerne nachts, dann gute Nacht, guten Morgen… wie dem auch sei, ich begrüße Sie herzlich zur Lektüre dieses Buchs!

Mein Name ist Matthias Werner. Seit fast 30 Jahren bin ich Dozent in der Erwachsenenbildung. Ich halte Seminare zum Thema Kommunikation, erarbeite mit Führungskräften deren Führungspotenzial und begleite Unternehmen bei der Einführung neuer Weiterbildungsmaßnahmen.

Zusätzlich betreue ich Hochleistungs- und Profisportler. Gemeinsam mit den Sportlern und deren Trainern erarbeiten wir Möglichkeiten, das bestehende Potenzial weiter auszubauen und zu festigen. Oft habe ich die Sportler bei ihren Wettkämpfen im In- und Ausland über mehrere Tage hinweg begleitet. Diese intensive Betreuung hat mich häufig an die Grenze meiner Leistungsfähigkeit gebracht.

Während solch einer Wettkampfbegleitung war ich mehr als einmal fix und fertig. Um für mich Kraft zu tanken und mich wieder auf den Athleten konzentrieren zu können, habe ich mit Selbsthypnose gearbeitet. Sie ist für mich ein Werkzeug, das mir hilft mich zu fokussieren und meine Batterien aufzuladen. Dieses Werkzeug habe ich an die Sportler weitergegeben. Gemeinsam mit ihnen haben wir im Vorfeld geübt, Suggestionen erarbeitet und Möglichkeiten gefestigt, um diesen Entspannungszustand einzuleiten. Auf meiner Website www.matthias-werner-mentaltraining.de finden Sie dazu viele Erfahrungsberichte.

Im Laufe der Jahre ist daraus eine feste Methode geworden. In dem vorliegenden Buch habe ich meine Erfahrungen mit dem Werkzeug Selbsthypnose zusammengefasst. Der Inhalt baut auf die

Seminarunterlage auf, die ich in meinen Selbsthypnoseseminaren einsetze.

Wichtig

Es wird ausdrücklich darauf hingewiesen, dass die in diesem Buch genannten Techniken nicht die Dienste eines Arztes oder Heilpraktikers ersetzen.

Meine Tätigkeit grenzt sich grundlegend von der Tätigkeit des Arztes oder des Heilpraktikers ab, indem keine Diagnosen gestellt oder Heilungsversprechen abgegeben werden.

Es werden keine Leiden mit medizinischem Erfordernis oder Hintergrund behandelt oder Medikamente verabreicht. Sollten Sie sich wegen irgendeines Leidens in medizinischer Behandlung befinden, so unterbrechen Sie diese auf keinen Fall ohne vorherige Absprache mit Ihrem Arzt.

Mein Tätigkeitsschwerpunkt liegt in der Prävention. Keinesfalls werden Heilungsversprechen abgegeben!

Die obige Erklärung ist mir wichtig. Die Selbsthypnose ist ein **unterstützendes** Werkzeug, keine „Wunderwaffe" und keine Magie. Es wäre Unfug zu behaupten: Jetzt machen Sie mal schön ein bisschen Selbsthypnose und alles wird gut! Die Selbsthypnose ist **eine** Möglichkeit an sich zu arbeiten. Was Sie daraus machen und wozu Sie sie benutzen, obliegt Ihnen.

Entdecken Sie Ihre Möglichkeiten.

Darüber hinaus möchte ich Sie, als Leser, darauf hinweisen, was dieses Buch **nicht** ist. Es ist **keine** wissenschaftliche Abhandlung zum Thema Selbsthypnose. Es ist **keine** Studie. Und ich bin **kein** Wissenschaftler. Die Quellen, auf die ich im Laufe des Buches verweise, sind nicht als echte wissenschaftliche Quellangaben zu verstehen. Ich möchte mit den Quellen Angaben dazu machen, dass mir diese Texte Anregungen, Hilfen, Tipps oder Informationen geliefert haben mit Selbsthypnose zu arbeiten. Die Quellangaben sind mit Sicherheit **nicht** vollständig. Ich habe im Laufe meines Lebens mehrere tausend Bücher und hunderte von frei zugänglichen

Studien gelesen. All diese Werke haben mich bei meiner Arbeit unterstützt und haben mir Anregungen geliefert.

Und nun möchte ich darauf hinweisen, was dieses Buch **ist**. Es fasst die Grundlagen meiner Arbeit mit meinen Klienten zusammen. In dem Buch stelle ich meine Erfahrungen mit dem Thema Hypnose und Selbsthypnose dar. Das Buch gibt wieder, was ich meinen Athleten und Klienten an die Hand gebe. Es ist **ein** möglicher Leitfaden, um mit seinem Selbst zu arbeiten. Es ist **meine** Interpretation mit Selbsthypnose zu arbeiten. Es gibt Ihnen die Grundlagen an die Hand die Selbsthypnose für sich zu entdecken.

Ich wünsche Ihnen viel Spaß beim Lesen und Entdecken Ihrer Möglichkeiten,

Matthias Werner

EINLEITUNG

Sie haben Feierabend.

Schon alleine deshalb steigt Ihre Laune. Sie packen Ihre Sachen zusammen. Vielleicht räumen Sie Ihren Schreibtisch auf. Beim Verlassen Ihres Arbeitsplatzes verabschieden Sie sich von den Kollegen und gehen zu Ihrem Auto, Fahrrad oder zur Bushaltestelle.

Sie machen sich auf den Heimweg. Ein paar Gedanken über den heutigen Arbeitstag gehen Ihnen durch den Kopf. Möglicherweise fällt Ihnen das nette Gespräch in der Kaffeeküche ein oder das unangenehme Gespräch wegen des neuen Projektes. Sie denken an die Dinge, die Sie morgen erledigen müssen. Es fällt Ihnen siedend heiß ein, dass Sie für das kommende Wochenende ein paar Freunde eingeladen haben und Ihnen jede Idee fehlt, was Sie zum Essen anbieten könnten.

Da steht wohl noch ein großangelegter Einkauf an. Oje, es ist Donnerstag und heute hat sich das mit dem Einkaufen erledigt. Okay, dann morgen. Morgen? Freitags in den Supermarkt... Das wird toll. Da geht doch jeder einkaufen. Herrje, was für ein Stress...

Sie stehen vor Ihrer Eingangstür!

Und Sie haben keinen blassen Schimmer, wie Sie dort überhaupt hingekommen sind!

Sie haben diese oder eine ähnliche Situation auch schon erlebt?

Sehr gut! Sie sind ein Meister der Selbsthypnose. Das sind doch fabelhafte Neuigkeiten! Sie sind ein **Meister** der Selbsthypnose.

Der Effekt aus unserem Beispiel ist vielen von uns bekannt. Und es ist ein völlig natürlicher Zustand. Unser Hirn ist in der Lage bekannte Handlungen, die wir oft ausgeführt haben, automatisch ablaufen zu lassen. Wir schalten auf Autopilot. Das bedeutet bei antrainierten Handlungen einen enormen Geschwindigkeitsvorteil. Und zusätzlich können wir uns bewusst mit anderen Dingen beschäftigen. Das schafft weitere Ressourcen.

Hochleistungssportler machen sich genau diesen Umstand zu Nutze. Sie führen Bewegungsabläufe wieder und wieder aus. Sie automatisieren sie. Im Wettkampf stehen diese Bewegungsmuster dadurch unterbewusst zur Verfügung und sind damit sehr schnell anwendbar. Zusätzlich kann sich das Bewusstsein mit den vorbereiteten Strategien beschäftigen. Als Zuschauer hat man sehr schnell den Eindruck, die Sportler würden Übermenschliches leisten.

Der „Autopilot" arbeitet selbstverständlich für alle Menschen und bringt uns in solchen Situationen wie die abendliche Heimfahrt zum Feierabend sicher nach Hause. Anschließend wird es allerdings schwer, sich an Einzelheiten des Heimwegs zu erinnern. Meist ist es sogar unmöglich. Das Bewusstsein war mit anderen Dingen beschäftigt.

Beruhigend ist die Tatsache, dass Ihr Unterbewusstsein durchaus in der Lage ist den Autopiloten auch wieder abzuschalten, wenn es nötig wird. Wäre Ihnen während dieser „Autopilot-Fahrt" jemand vor Ihr Fahrzeug gelaufen, hätten Sie mit Sicherheit gebremst. In einer solchen Situation hätte Ihr Gehirn sofort wieder auf Normalbetrieb geschaltet.

Für diesen „Autopilot" gibt es viele Namen; „Unterbewusstsein", „das Selbst", „Über-Ich" und vieles mehr. Wie Sie ihn nennen bleibt Ihnen überlassen. Der Name ist unwichtig. Sein Wirken ist wichtig.

Wir wollen mit „Unterbewusstsein" den Teil von uns bezeichnen, der außerhalb bewusster Vorgänge steuernd und regelnd in unsere gesamte Persönlichkeit eingreift. Es ist gleichgültig, ob das körperlich oder geistig geschieht.

Nach heutigem Stand der Wissenschaft wird davon ausgegangen, dass der überwiegende Teil unserer alltäglichen Handlungen und Vorgänge durch unterbewusste Abläufe gesteuert wird. Oft wird von fast 90% ausgegangen (1). Von diesen Theorien wird auch das berühmte Eisberg-Modell abgeleitet. In diesem Modell wird unsere Persönlichkeit mit einem Eisberg verglichen, bei dem ca. 10% aus dem Wasser ragen (Bewusstsein), während ca. 90% unter Wasser liegen (Unterbewusstsein).

Schauen wir uns doch einmal einige Teile von uns an, die fast ausschließlich durch Vorgänge gesteuert werden, die sich unserem Bewusstsein und damit unserer willentlichen Steuerung entziehen.

Die Sprache läuft zu einem großen Teil außerhalb unseres Bewusstseins ab. Wann haben Sie das letzte Mal darüber nachgedacht wie das Wort „Wort" ausgesprochen wird? Freud ging sogar so weit, Versprechern eine Bedeutung beizumessen (Freud'scher Versprecher). Demnach waren Versprecher Äußerungen unseres Unterbewusstseins zur momentanen Situation(2).

Haben Sie schon einmal darüber nachgedacht, wie Sie Ihren Magen dazu bewegen Nahrung zu verdauen? Oder wie viel Magensäure dafür notwendig ist. Es ist Ihnen momentan auch sicher unmöglich Ihren Puls bewusst zu beeinflussen oder Ihre Schweißdrüsen zu kontrollieren. Diese Funktionen Ihres Körpers werden außerhalb des Bewusstseins gesteuert.

Wir wären wohl kaum lebensfähig, wenn wir über jeden Herzschlag und jeden Atemzug nachdenken müssten. Das Unterbewusstsein arbeitet mit automatisierten Abläufen. Wir nutzen das in unserem Alltag. Dinge, die wir oft wiederholen, werden irgendwann automatisch ausgeführt.

Sie gehen eine Treppe hinauf. Sie denken an die Autofahrt von gestern und... stolpern. Die vierte Stufe war ein klein wenig höher als alle anderen. Der Unterschied beträgt wenige Millimeter. Und doch bleiben Sie an der kleinen Kante hängen.

Wir sind in unserem Leben schon so viele Treppen hinauf und hinuntergegangen, dass unser Unterbewusstsein bei der ersten Stufe schon berechnet, wie es weitergeht. Dass diese Dinge automatisiert sind, fällt uns meist erst auf, wenn etwas schiefgeht. Die Fähigkeit unseres Unterbewusstseins Dinge in unserem Leben automatisch auszuführen, unseren Körper zu steuern und Gewohnheiten zu schaffen oder abzuschaffen, wollen wir in der Selbsthypnose nutzen.

Mit der Selbsthypnose haben wir eine Möglichkeit mit dem Unterbewusstsein zu arbeiten. Wir können auf diese automatisierten Abläufe Einfluss nehmen. Es wird möglich dem Unterbewusstsein Inhalte vorzugeben und bestehende Inhalte zu bearbeiten. Es wird uns möglich bestehende Verhaltensmuster in neue Bahnen zu lenken.

Um mit der Selbsthypnose effektiv an sich arbeiten zu können, ist es sehr hilfreich einen gelassenen Zustand einzunehmen. Nur in einem gelassenen und entspannten Zustand können wir kreativ handeln. In einem gestressten oder angespannten Zustand besteht kaum die Möglichkeit überlegt und sorgfältig zu handeln.

Versuchen Sie doch mal ein Bild zu malen, wenn ein hungriger Tiger vor Ihnen steht... und keine Gitterstäbe dazwischen sind. Wollen wir eingefahrene Strukturen aufbrechen und verändern, ist es notwendig über das eigene Handeln nachzudenken. Und das ist in einer angespannten Situation schier unmöglich. Deshalb werden wir uns ausgiebig mit Entspannungstechniken beschäftigen.

Um in diesem Zustand perfekter Gelassenheit an sich zu arbeiten, spielt die Sprache eine große Rolle. Worte lösen eine Kaskade von Assoziationen in unserem Gehirn aus. Sie erzeugen Bilder in unserem Kopf und manchmal entstehen sogar körperliche Reaktionen, sobald wir ein Wort hören. Oft reicht es schon an ein Wort zu denken und es entstehen Geschichten in unserer Vorstellung. Romanschriftsteller leben von diesen Abläufen in unserem Gehirn.

Die Art und Weise wie wir etwas sagen und was wir sagen, ist bei der Kommunikation mit uns selbst genauso wichtig wie in der Kommunikation mit anderen. Wir werden uns daher damit beschäftigen, welche Worte und Formulierungen die meisten Aussichten auf Erfolg haben in unserem Unterbewusstsein etwas zum Positiven zu verändern.

Auf unserer Reise durch dieses Buch und die Selbsthypnose werden wir verschiedene Techniken zum Einleiten der Selbsthypnose kennenlernen. Wir werden diesen angenehmen Zustand der Ruhe und Gelassenheit vertiefen. Wir werden die Möglichkeiten posthypnotischer Suggestionen kennenlernen und erfahren, wie man Autosuggestionen nutzbringend formuliert. Uns wird es im Laufe dieses Buchs möglich mit unserem Unterbewusstsein zu „kommunizieren“ und die gemachten Erfahrungen zu nutzen.

Machen wir uns auf die spannende Entdeckungsreise zu unserer inneren Kraft. Lernen wir die Techniken und Möglichkeiten der Selbsthypnose kennen. Nutzen wir die Macht unseres Unterbewusstseins zu unserem Wohl.

Sie entscheiden, wozu Sie Ihr erworbenes Wissen einsetzen!

Nun noch eine kurze Bemerkung zum Lesen dieses Buchs. Sollten Sie wenig Interesse an der einführenden Theorie haben, können Sie direkt mit dem Kapitel „Etwas Entspannung“ (S. 41) beginnen und die Theorie nachholen. Lesen Sie das Buch in der Reihenfolge, die Ihnen zusagt. Wir werden es in den folgenden Seiten immer wieder wiederholen. Gehen Sie bei der Selbsthypnose so vor, wie es Ihnen zusagt und gefällt. Es gibt keine Vorschriften oder Dogmen. Es ist Ihr Werkzeug, und das betrifft auch die Vorgehensweise beim Lesen dieses Buches.

ÜBERBLICK

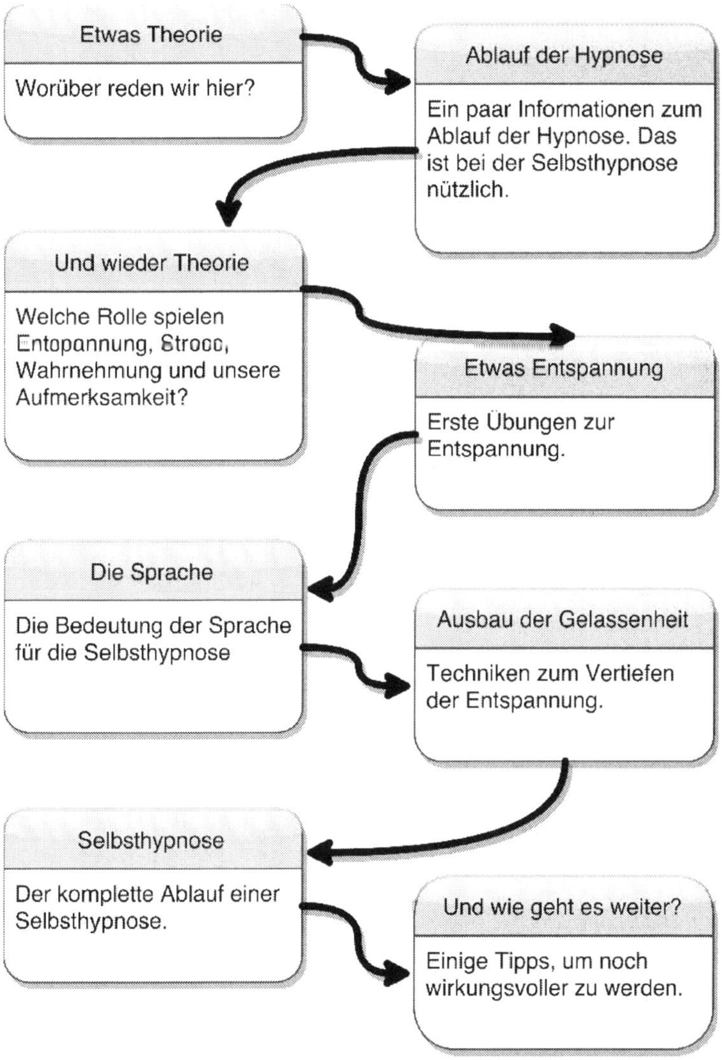
Etwas Theorie
Worüber reden wir hier?
Ablauf der Hypnose
Ein paar Informationen zum Ablauf der Hypnose. Das ist bei der Selbsthypnose nützlich.
Und wieder Theorie
Welche Rolle spielen Entspannung, Stress, Wahrnehmung und unsere Aufmerksamkeit?
Etwas Entspannung
Erste Übungen zur Entspannung.
Die Sprache
Die Bedeutung der Sprache für die Selbsthypnose
Ausbau der Gelassenheit
Techniken zum Vertiefen der Entspannung.
Selbsthypnose
Der komplette Ablauf einer Selbsthypnose.
Und wie geht es weiter?
Einige Tipps, um noch wirkungsvoller zu werden.

Genießen Sie es!

ETWAS THEORIE

Darum geht es

Selbsthypnose ist Hypnose. Nur, dass Sie es selbst machen. Man ist Hypnotiseur und Hypnotisierter in einer Person. Daher ist es hilfreich einige Dinge über Hypnose zu wissen.

In diesem Kapitel wollen wir die Hypnose ein klein wenig kennenlernen. Wir schauen uns an, wo sie herkommt, welche Rolle sie für uns Menschen spielt und erfahren, dass es etwas völlig Natürliches ist. Damit holen wir die Hypnose aus der Esoterikecke. Da ist sie nämlich falsch.

Wir schauen uns in einem (sehr) kurzen Abriss die geschichtliche Entwicklung der Hypnose an und lernen einige Persönlichkeiten zu diesem Thema kennen.

Am Ende dieses Kapitels wird die Hypnose der Selbsthypnose gegenübergestellt.

Und als Liste…

Etwas Theorie
Was bedeutet Hypnose überhaupt?
Eine klitzekleine Einführung in die geschichtliche Entwicklung der Hypnose.
Eine kleine Unterscheidung von Hypnose und Selbsthypnose.

Hypnose – eine Definition

Um die Hypnose ranken sich seit jeher Mythen und Legenden. Diesen Umstand verdanken wir den zahlreichen Bühnenshows, bei denen die Showhypnose zur Belustigung der Zuschauer benutzt wird. Dadurch ist die Hypnose ungerechtfertigter Weise in Verruf geraten. Die Berichterstattung in den Medien sorgt ebenfalls dafür, dass viele Menschen der Hypnose gegenüber skeptisch eingestellt sind. Einige halten sie sogar für gefährlich. Wie meistens in solchen Fällen liegt hier schlicht eine Fehlinformation vor. Es lässt sich natürlich leichter über eine spektakuläre Hypnose-Show als über einen entspannten Klienten berichten, der in seiner Trance an sich arbeitet. Daher wollen wir uns im Folgenden die Hypnose und Selbsthypnose genauer anschauen und mit diesen falschen Vorurteilen aufräumen.

Hypnose ist ein Verfahren, das dabei unterstützt einen Trancezustand zu erreichen. Dieser Trancezustand wird durch eine hypnotische Induktion eingeleitet und durch verschiedene Techniken vertieft [(3)]. In diesem Zustand befindet sich der Hypnotisierte in einem veränderten Bewusstseinszustand, der ihm eine stark fokussierte Wahrnehmung gestattet. Das Unterbewusstsein ist in diesem Zustand leichter ansprechbar und kann durch Suggestionen angeregt werden. In der hypnotischen Trance ist es daher sogar möglich, Einfluss auf Vorgänge im Körper zu nehmen, die sich normalerweise der willentlichen Kontrolle entziehen. So ist beispielsweise eine Kontrolle des vegetativen Nervensystems möglich.

Dieser besondere Bewusstseinszustand ist etwas völlig Natürliches. Höchstwahrscheinlich hat die Menschheit überhaupt nur bis in die heutige Zeit überlebt, weil wir in der Lage sind spontan in eine Trance zu fallen und dem Unterbewusstsein die Kontrolle zu überlassen. Jedem der schon einmal eine extreme Situation erlebt hat, ist aufgefallen, dass er nach deren Überwindung keinerlei Erinnerung daran hatte, wie er es geschafft hat sie zu überwinden. In diesen extremen Stresszuständen schaltet sich unser Bewusstsein von ganz alleine aus. Dadurch wird es möglich alle Bewegungen durch das Unterbewusstsein steuern zu lassen. Das bringt einen unglaublichen Geschwindigkeitsvorteil.

Und wer schon mal ein Kind beim Spielen beobachtet hat, sieht fast immer einen Menschen in Trance. Die Umzugskiste wird zum Rennauto oder zum Schloss und was auch immer die Erwachsenen tun, sie werden die Aufmerksamkeit des kleinen Rennfahrers oder der Prinzessin nur mit Mühe erlangen. Die Kleinen gehen voll und ganz in ihrem Tun auf und sind in einem anderen Bewusstseinszustand. Sie sind in einer Trance, völlig natürlich.

Geschichte, kurz und gut

Hypnose war schon in der Frühzeit der Menschheit bekannt. Bei frühen kultischen oder schamanischen Handlungen wurde die Hypnose angewandt, um tiefe Trancezuständen zu erreichen und zu nutzen. Auch bei den asiatischen Meditationspraktiken spielt die Hypnose sicherlich eine entscheidende Rolle. Siddhartha Gautama „Buddha" ist hier ein besonderes Beispiel. Er hat zu seiner Zeit die Meditation entscheidend ausgebaut und hierbei wohl auch Praktiken zur Selbsthypnose genutzt

In vielen Religionen wurden und werden Methoden der Hypnose benutzt, um „Medien" in eine Trance zu versetzen. Die Visionen dieser Medien werden gerne genutzt um „Weissagungen" zu machen.

In der westlichen Welt wurde die Hypnose wohl erst wieder um 1770 zu wissenschaftlichen Zwecken und zur Heilung von Krankheiten entdeckt.

Franz Anton Messmer (1734 – 1815) experimentierte zu dieser Zeit mit dem „Magnetismus animalis". Er legte seinen Patienten Magneten auf und erreichte damit beachtliche Heilungserfolge (4). Das Entscheidende war sein Auftreten, seine Sprache und seine Persönlichkeit. Schon damals gingen Kollegen von Messmer davon aus, dass es weniger die Magneten, als eher die Person Anton Messmer war, die zur Heilung beitrug. Er hat durch sein Auftreten, sein Verhalten und seine Sprache das Unterbewusstsein der Patienten angesprochen. Er hat offensichtlich Techniken der Hypnose benutzt und seinen Patienten damit sehr gut getan.

Emile Coué (1857 – 1926) war ein französischer Apotheker und Psychotherapeut. Er entwickelte im Laufe seines Lebens die Arbeit mit Autosuggestionen weiter. Er fand heraus, dass die Arzneimittel, die er den Patienten in seiner Apotheke überreichte, umso besser wirkten, wenn er die Übergabe mit einem motivierenden Spruch (Suggestion) begleitete (5). Später lehrte er die Menschen sich selbst diese motivierenden Aussagen angedeihen zu lassen (Autosuggestion). Auch Coué verzeichnete überragende Heilungserfolge.

Im 19. Jahrhundert gelangte die Hypnose durch die Schule von Nancy, der Ambroise-Auguste Liébeault vorstand, zu Ruhm und Ansehen. Sigmund Freud ging aus dieser Schule hervor und begründete seine Psychoanalyse auf seine frühen Erfahrungen mit Hypnose (6).

Johannes Heinrich Schultz (1884 - 1970, deutscher Psychiater) entwickelte in den frühen Jahren des 20. Jahrhunderts eine Methode der „konzentrativen Selbstentspannung". Aus dieser Methode ging das Autogene Training hervor. Schultz benutzte hierbei Techniken der Hypnose, die er sich in jahrelangen Forschungen aneignete (7).

Der Einsatz der Hypnose für die Psychotherapie wurde sehr stark von Milton Erickson (1901 - 1980, amerikanischer Psychiater) geprägt8. Vermutlich ist es ihm zu verdanken, dass die Hypnose überhaupt wieder in die Therapie Einzug fand, nachdem sie etwas in Vergessenheit geraten war. Erickson arbeitete sehr stark mit der augenblicklichen Umgebung des Patienten. Er benutzte alles (Utilisation), um dem Menschen den Eintritt in die Trance zu erleichtern. Erickson steht deshalb für eine sanfte Induktion. Dadurch, dass er die Umgebung benutzte, ist der Eintritt in die Trance fließend. Der Hypnotisierte empfindet die Induktion eher indirekt (Indirekte Hypnose).

Für eine sehr direktive und schnelle Tranceeinleitung steht Dave Ellman (1900 - 1967, amerikanischer Hypnotiseur). Die Ellman-Induktion ist bis heute bei vielen Bühnenhypnotiseuren im Einsatz. Sie wird oft auch als Blitzhypnose bezeichnet.

Ellman entwickelte diese Methode für den Einsatz in der Medizin weiter und gab sie später an Mediziner weiter. Zahnärzte und Anästhesisten konnten sie zur Narkose nutzen. Der Stil dieser Induktion ist sehr autoritär. Der Klient bekommt Befehle und tritt dadurch in die Trance ein. Deshalb wird hier von einer autoritären Hypnose gesprochen.

Hypnose – Selbsthypnose

Bei der Durchführung der Hypnose durch eine zweite Person handelt es sich um eine Fremdhypnose. Der Hypnotiseur führt in die Trance, gibt die Suggestionen vor und hebt anschließend die Trance wieder auf. Dem Hypnotiseur kommt eine Art Trainerrolle zu. Er muss den Klienten aufmerksam beobachten, um zu erkennen welche Suggestionen angenommen und welche vom Klienten abgelehnt werden. Alleine das Unterbewusstsein des Klienten entscheidet darüber, welche Anweisungen es übernimmt.

Für den Hypnotiseur ist ein Vorgespräch sehr wichtig. In diesem intensiven Gespräch kann er sich auf den Klienten einstimmen. Hierbei wird geklärt worum es tatsächlich geht. Durch aufmerksames Zuhören kann der Coach oder Therapeut seine Wortwahl auf den Klienten abstimmen. Die Suggestionen werden nun leichter vom Unterbewusstsein aufgenommen. Sie wirken optimal.

Bei der Selbsthypnose leitet der Klient die Trance selbst ein. Die Arbeit mit den gewünschten Suggestionen und das Ausleiten der Trance werden ebenfalls vom Klienten übernommen. Er nimmt gleichzeitig die Rolle des Hypnotiseurs und des Klienten ein. Er beobachtet sich selbst sehr aufmerksam und benutzt seine Beobachtungen ebenso wie der Hypnotiseur. Alleine die aufmerksame Selbstbeobachtung ist ein großer Schritt in eine tiefe Ruhe. Die Aufmerksamkeit wird ganz automatisch nach innen gelenkt.

Bei manchen Menschen geht die Selbsthypnose nach einer Weile in einen natürlichen Schlaf über. Das kann ein wohltuender Nebeneffekt sein. Im Schlaf ist es allerdings ein klein wenig schwierig noch effektiv mit Autosuggestionen zu arbeiten. Derjenige, der die Suggestionen formulieren soll, schläft. Sollte bei einer Hypnose der Hypnotiseur einschlafen wird es ebenfalls schwierig mit den Suggestionen. Mit Hilfe geeigneter Techniken ist es möglich, das Bewusstsein während der Übung soweit wach zu halten, um die gewünschten Suggestionen selbst geben zu können.

Letztendlich ist jede Hypnose eine Selbsthypnose. Kein Coach kann von außen in das Gehirn des Klienten greifen und einen Schalter umlegen. Die Worte des Coachs sind immer nur Vorschläge an das Gehirn des Klienten, das diese nun annimmt oder ablehnt. Egal ob die Worte von außen oder von innen kommen, sie müssen passen. Der Klient entscheidet, was ihm guttut und nur das wird von seinem Unterbewusstsein ausgeführt.

Zusammenfassung

Bei der Hypnose geht es darum einen anderen Bewusstseinszustand zu erreichen. Dieser Zustand wird gerne als Trance bezeichnet. Hierbei wird die Aufmerksamkeit extrem nach innen gelenkt. Es ist leichter möglich sich mit seinem „Selbst" zu beschäftigen.

Die Menschen beschäftigen sich seit jeher mit diesen Trancezuständen und nutzen sie für ihre Zwecke. Einige herausragende Persönlichkeiten im Zusammenhang mit Hypnose sind:

- Siddartha Gautama Buddha
- Franz Anton Messmer
- Emile Coué
- Ambroise-Auguste Liébeault
- Johannes Heinrich Schultz
- Milton Erickson
- Dave Ellman

Jede Hypnose ist eine Selbsthypnose. Ein Hypnotiseur ist lediglich als Trainer zu verstehen, der es dem Klienten erleichtert an sich zu arbeiten. Die Hypnose versteht sich als „Vorschlag". Der Klient entscheidet, ob er die Vorschläge annimmt oder lieber etwas Anderes angeboten haben möchte.

ABLAUF EINER HYPNOSE

Darum geht es

In diesem Kapitel wollen wir uns einen möglichen Ablauf einer Hypnosesitzung anschauen. Am Beispiel einer Hypnose lässt sich sehr gut darstellen, worauf bei einer Selbsthypnose zu achten ist. Hier sammeln wir erste Einsichten für unsere spätere Arbeit mit uns selbst.

Das wichtigste Element ist der Anfang, das Vorgespräch. Hier wird das Thema erarbeitet und die Vorgehensweise entdeckt. Die Induktion bildet den Eintritt in die Hypnose. Die folgende Trance wird vertieft und das Unterbewusstsein wird angeregt an dem gewünschten Zustand zu arbeiten. Zudem können Suggestionen für die Zeit nach der Hypnose folgen.

Anschließend wird die Trance ausgeleitet und die Hypnose aufgelöst.

Der hier erarbeitete Ablauf kann später in die Selbsthypnose übernommen werden.

Und als Liste…

Ablauf einer Hypnose
Wie läuft eine Hypnosesitzung ab und worauf kommt es dabei an?
Die Bedeutung des Vorgesprächs.
Die Einleitung der Hypnose.
Die Trance und ihre Stadien.
Was sind posthypnotische Suggestionen?
Die Ausleitung der Hypnose.

Das Vorgespräch

Das Vorgespräch spielt in der Hypnose eine wichtige Rolle. Bei Milton Erickson spielt es sogar die wichtigste Rolle. Bei seinem Vorgehen bildet es oft die eigentliche Hypnose. Er hat das Vorgespräch soweit verfeinert, dass der Übergang in die Hypnose fließend ist. Es war für den Klienten wie auch für Außenstehende kaum zu erkennen, wann die Trance eingeleitet wurde.

Der Hypnotiseur benutzt das Vorgespräch, um mit dem Klienten das Thema von allen Seiten zu beleuchten. Er sammelt ebenso Anhaltspunkte über den Blickwinkel des Klienten wie dieser selbst. Die Aufmerksamkeit des Klienten wird dadurch auf Lösungsmöglichkeiten für seine Aufgabe gelenkt. Sein Unterbewusstsein beschäftigt sich schon alleine wegen des intensiven Gesprächs sehr ausführlich mit dem gewünschten Thema.

Wir alle kennen das. Wenn wir einem Gesprächspartner ein Problem schildern, kommen uns während wir darüber erzählen viele Ideen zur Lösung. Oft ist erklären eine gute Methode etwas Neues zu lernen. Während des Erklärens beschäftigt sich unser Gehirn intensiv mit dem Thema. Wir suchen bewusst nach Worten, um unserem Gesprächspartner den Sachverhalt so deutlich wie möglich darzustellen. Diese Suche nach Worten macht das Problem für uns selbst viel greifbarer. Wir verstehen das Problem **und** die Lösung viel besser. Das Vorgespräch sorgt dafür, dass der Coach besser versteht, worum es dem Klienten geht. Und er erlebt, wie dieser formuliert. Was er erfährt, kann er für die nachfolgende Induktion nutzen. Zudem lernt der Klient selbst mehr über sein Problem und wie er es lösen kann. Beide nähern sich immer weiter dem Kern der Sache.

In dem Vorgespräch ist es daher wichtig viel zu erzählen und durch geschickte Fragen des Coachs immer wieder in andere Richtungen gelenkt zu werden. Durch diese ständigen Richtungswechsel wird das Problem aus vielen Perspektiven betrachtet. Dadurch fällt es dem Klienten viel leichter es zu enträtseln. Und der Coach kann auf die Wortwahl achten. Benutzt er dieselben Worte, die der Klient benutzt, später bei der Induktion und der anschließenden Trance, werden die Suggestionen bereitwilliger angenommen. Durch geschickte Wortwahl des Coachs werden die Suggestionen besser verstanden. Er gebraucht dieselben Worte wie der Klient. Beispiel für ein Vorgespräch (auszugsweise)

Vorgespräch
Coach: Frau Beispiel, Sie sagten, Sie hätten Prüfungsangst? *Klient*: Ja, das ist ganz fürchterlich. Und jetzt, wo doch die Examensprüfung ansteht, da dachte ich, jetzt musst du etwas tun. *Coach*: Sie haben jetzt eine Prüfung? *Klient*: Ja, meine Abschlussprüfung. Die möchte ich auf keinen Fall verhauen. *Coach*: Was heißt „verhauen"? *Klient*: Naja, ich habe Angst, dass es so wird, wie beim letzten Mal. Ich habe Angst, dass ich wieder so einen Blackout bekomme. Dann stehe ich wieder da rum und weiß nix mehr. Dabei bereite ich mich doch vor. Ich lerne den ganzen Tag und dann stehe ich in der Prüfung und alles ist weg. *Coach*: Es geht Ihnen also um dieses „Blackout"? *Klient*: Ohje, wenn ich nur daran denke. Da ist dann die große Finsternis. Alles weg. Dabei weiß ich doch die Antworten. Ich bin ja vorbereitet. Ich lerne jeden Tag mindestens sechs Stunden. Und hinterher weiß ich die Antworten ja auch. Hinterher ist alles wieder da. Nur eben während der Prüfung. Wenn die alle dasitzen und mich so prüfend anglotzen. Fürchterlich. *Coach*: Haben Sie diese Prüfung schon gemacht? *Klient*: Wie? Wie jetzt? Die Examensprüfung, nein. Die steht jetzt in zwei Monaten an. Wie kommen Sie darauf. *Coach*: Ihre Schilderung von eben hörte sich für mich an, als hätten Sie das schon erlebt. *Klient*: Ja, früher. Im Abitur war es dasselbe. *Coach*: Sie sagen „dasselbe". Die Examensprüfung liegt doch in der Zukunft. Woher wissen Sie was in der Zukunft passiert?

Klient: Weiß ich ja nicht. Aber ich sehe das doch wieder genau vor mir. Ist doch jedes Mal dasselbe.

Coach: Sie stellen sich die zukünftige Situation also negativ vor?

Klient: Hm, das liegt ja an mir. Die Prüfung liegt in der Zukunft. Ich kann sie mir genauso gut positiv vorstellen.

In dem obigen Beispielgespräch sehen wir, wie die Klientin das Problem immer weiter eingrenzt. Es wird dadurch greifbar. Das Unterbewusstsein kann sich in der anschließenden Hypnose mit etwas Konkretem beschäftigen, dem Moment des Blackouts. Es wird deutlich, dass die Klientin die Prüfung mit Worten wie „verhauen", „fürchterlich" und „anglotzen" verbindet. Damit kann in der Hypnose gearbeitet werden. Die Begriffe können nach und nach ins Gegenteil verkehrt werden. Und gegen Ende des Gesprächs hat die Klientin eine Idee, wie sie in der Hypnose arbeiten kann. Sie möchte sich die Prüfung positiv vorstellen.

Das Vorgespräch schafft die Grundlage für das Unterbewusstsein sich mit der Aufgabe zu befassen und einen Schlüssel zu finden.

Ebenso wie beim „Lernen im Schlaf" (9) (siehe Kasten) unterstützt die folgende Ruhe und Gelassenheit, durch die Hypnose, das Lernen. Die Entspannung führt das Vorgespräch weiter und dem Unterbewusstsein fällt es nun leichter zu lernen und das Gelernte sinnvoll einzusortieren und zu nutzen.

Lernen im Schlaf

Ines Wilhelm und Susanne Diekelmann führten 2010 zusammen mit Jan Born eine Studie zum Thema „Lernen im Schlaf" durch. Bei der Studie an der Universität Lübeck mussten die Probanden Wortpaare lernen. Die Teilnehmer wurden darüber informiert, dass diese Wortpaare am nächsten Tag abgefragt würden. Eine Gruppe durfte schlafen, die andere musste wach bleiben. Die Gruppe, die geschlafen hatte, konnte sich wesentlich besser an das Gelernte erinnern.

Daraus zogen die Wissenschaftler den Schluss, dass im Schlaf Prozesse in Gang gesetzt werden, die das Erinnern fördern.

Dieser Feststellung wurde in weiteren Studien belegt.

Induktion

Die Induktion bildet den Einstieg in die Trance. Dafür gibt es viele verschiedene Möglichkeiten. Betrachten wir einige davon.

Wir haben zu Beginn dieses Buches schon gesehen, dass alleine eine konzentrierte Tätigkeit, wie spielen, zu einer Trance führen kann. Auch Musik kann den Bewusstseinszustand verändern. Mittlerweile existiert sogar ein eigener Musikstil, die Trance-Musik. Abgeleitet von der Techno-Welle werden hier immer wiederkehrende Musikschleifen (Loops) benutzt, die beim längeren Hören durchaus die Aufmerksamkeit einschränken können.

Der Vollständigkeit halber sei hier erwähnt, dass sich eine Trance auch mit Drogen herbeiführen lässt (10). Davon halten wir selbstverständlich Abstand. Wir möchten unserem Geist und unserem Körper etwas Gutes tun. Drogen sind mit Sicherheit **KEIN** Weg dazu. Und es ist völlig überflüssig irgendwelche Substanzen für die Tranceinduktion einzusetzen. Der hypnotische Zustand ist mit anderen Mitteln mindestens ebenso leicht zu erreichen.

Kehren wir zurück zu legalen und gesunden Mitteln.

Die gesunde, hypnotische Trance wird in den meisten Fällen durch die Sprache induziert. Dabei wird oft, ähnlich der Trance-Musik, mit Schleifen gearbeitet, die häufig wiederholt werden. Auch die Stimme wird eingesetzt. Eine ruhige, tiefe Stimme schafft Vertrauen. Der Klient folgt bereitwilliger den Anweisungen. Wir werden im Kapitel „Die Sprache" (S. 48) noch sehen, dass auch die Wortwahl hilft. Der Coach redet in der Induktion immer wieder von „Ruhe", „Gelassenheit" und „Loslassen".

Die Worte lösen beim Klienten nach und nach das entsprechende Gefühl aus. Ein gutes Beispiel dafür ist die Schwere-Suggestion im Autogenen Training. Hier spricht sich der Proband im Geiste immer wieder den Satz vor: „Mein rechter Arm wird schwer!". Durch das ständige Wiederholen wird es für den Klienten irgendwann Realität. Der Arm wird tatsächlich schwer. Der Geist folgt den Worten.

Auch mit Lichteffekten lässt sich bei sehr vielen Menschen eine erstaunlich tiefe Trance erzeugen. Das ist einer der Gründe, weshalb mittlerweile die namhaften Spielekonsolen beim Start davor warnen, zu lange auf den Bildschirm zu starren.

Oftmals werden sogar alle drei Wahrnehmungskanäle (Sehen, Hören, Fühlen) benutzt, um die Hypnose einzuleiten. Zahnärzte nutzen gerne diese Variante der Hypnoseinduktion, um beispielsweise eine hypnotische Narkose herbeizuführen. Bei dieser Technik wird das Bewusstsein gerne mit Reizen überflutet. Die Trance wird dadurch erzeugt, dass der zu Hypnotisierende durch verschiedene Techniken verwirrt wird.

Vielleicht ist Ihnen schon einmal ein Mensch aufgefallen, der mitten im größten Trubel vor sich hinstarrt. Oder Sie sitzen in einem Meeting. Alle reden durcheinander. Sie denken gerade daran sich einen Kaffee zu nehmen, als Sie ein Kollege am Arm berührt und ganz plötzlich die Sonne durchs Fenster scheint. Es kann passieren, dass Sie jetzt ebenfalls etwas entgeistert vor sich hinstarren. Die Sinneskanäle werden schlicht überfordert. Das Bewusstsein sieht nur noch einen Ausweg und steigt, im wahrsten Sinne des Wortes, aus. Dadurch räumt es das Feld für das Unterbewusstsein. Das schafft die Möglichkeit, die eintreffenden Reize zu ordnen.

Trance

Unter einer Trance verstehen wir im Allgemeinen einen Bewusstseinszustand eingeschränkter Wahrnehmung. Gleichzeitig ist die Aufmerksamkeit stark fokussiert (11). Oft wird in einer Trance die Zeit verändert wahrgenommen. Die Außenwahrnehmung ist manchmal ausgeschaltet. Auch hier dient als Beispiel wieder ein spielendes Kind. Kennen Sie das auch? Sie rufen und rufen und rufen... Und **kein** Kind kommt.

Jeder Mensch erinnert sich an solche Zustände aus seiner Kindheit. Beim konzentrierten Spiel mit dem Baukasten lässt sich bei fast jedem Kind eine, zumindest leichte, Trance nachweisen. Das bedeutet, dass jeder von uns im Laufe seines Lebens schon hundertfach Trancezustände erlebt hat. Es ist eine völlig natürliche Reaktion unseres Gehirns. Die Aufmerksamkeit ist stark nach innen gerichtet.

Wir nehmen uns selbst sehr gut wahr. In einem solchen Zustand lässt es sich hervorragend an sich und seinen Gedankengängen arbeiten. Die Gedanken lassen sich leichter lenken. Das

Unterbewusstsein kümmert sich nur noch um den gewünschten Zustand.

In der Regel werden drei Trancetiefen unterschieden (12).

1. Leichte Trance (Somnolenz)
   Dieser Zustand unterscheidet sich kaum vom normalen Wachzustand. Die Muskulatur ist merklich entspannt und wird als angenehm empfunden. Diese Trancetiefe entspricht beispielsweise dem „leeren" Blick, der manchmal bei „mitreißenden" Geburtstagsreden bei den Zuhörern zu beobachten ist. In der Somnolenz kann mit einfachen und logischen Suggestionen gearbeitet werden.

2. Mittlere Trance (Hypotaxie)
   In diesem Stadium ist das normale Wachbewusstsein kaum noch aktiv. Die Entspannung wird hierbei oftmals schon so tief, dass bei einigen Körperteilen eine leichte Empfindungslosigkeit eintreten kann. Es wird möglich, die Muskulatur der willentlichen Kontrolle zu entziehen und sie dem Unterbewusstsein zu überlassen. Der Arm hebt sich „von ganz alleine". Was selbstverständlich Unfug ist. Der Arm wird noch immer selbst angehoben, allerdings vom Unterbewusstsein. Es kann der Eindruck entstehen, es bestehe keine Kontrolle über das Anheben mehr. Dieser Zustand ist ähnlich dem, kurz vor dem Einschlafen. Vielleicht ist es Ihnen auch schon passiert, dass Sie sich selbst gefragt haben, ob Sie schon schlafen, Sie sind im Halbschlaf.

3. Tiefe Trance (Somnambulenz)
   In diesem Zustand tritt eine vollkommene Entspannung der Muskulatur ein. Nach dem Aufwachen fühlt sich der Klient wie nach einem sehr langen, erholsamen Schlaf. In diesem Zustand kann mit sehr komplexen Suggestionen gearbeitet werden, die sogar unlogisch sein können. Deshalb können in Somnambulenz auch positive wie negative Halluzinationen hervorgerufen werden. Dieser Zustand ist in etwa mit dem Schlafwandeln zu vergleichen. Das Bewusstsein und das Unterbewusstsein gehen völlig getrennte Wege.

Posthypnotische Suggestion

Posthypnotische Suggestionen (siehe auch „Posthypnotische Suggestion in der Selbsthypnose, S. 81") werden häufig in der Hypnosetherapie angewendet. Diese Suggestionen werden in der Trance an das Unterbewusstsein gerichtet und wirken dort **nach** der Hypnose fort. Das Unterbewusstsein kann sich nach der Hypnose im Hintergrund mit der Suggestion beschäftigen. Dadurch wird sie in der Regel noch effektvoller umgesetzt.

Das Wort „Suggestion" kommt aus dem Lateinischen („suggerere") und wird häufig als psychische Einflussnahme bezeichnet. Einige Quellen gehen soweit die Einflussnahme als unbemerkt zu bezeichnen. Wir wollen uns an die neutralere Bedeutung halten. Eine Suggestion ist eine Möglichkeit an sich selbst zu arbeiten („Autosuggestion") und wir benutzen sie positiv. Was wir mit allen in diesem Buch behandelten Techniken tun.

Manchmal befürchten Klienten, es könne ihnen durch diese posthypnotischen Suggestionen etwas eingeimpft werden ohne dass Sie es kontrollieren können. Diese Angst ist völlig unbegründet. Das Unterbewusstsein lässt nur Suggestionen zu, die zu unserem Wohle sind. Daher ist das Vorgespräch so wichtig. Hier sammeln der Klient und der Coach Erfahrungen, welche Suggestionen für das Unterbewusste des Klienten angenehm und annehmbar sind.

Kontrolle durch Hypnose

In einigen Hypnoseshows wurden Effekte vorgeführt, die einen glauben lassen könnten, es wäre möglich, einen „bösen" Befehl einzuschleusen. Beim genaueren Anschauen dieser Shows, lässt sich erkennen, dass die Probanden alle wussten, dass sie an einer Show teilnehmen. Oft ist der Hypnotiseur auch landesweit bekannt und genießt hohe Popularität. Die Teilnehmer wissen schon im Wachzustand, dass alles unter sicheren und geregelten Bedingungen abläuft. Sie vertrauen dem Kontext. Sollten sie in diesem Umfeld aufgefordert werden, etwas Seltsames zu tun, wie beispielsweise einen Raub zu begehen, werden sie es vermutlich tun. Sie wissen, dass sie und alle Mitspieler in Sicherheit sind.

Die Suggestion muss so formuliert sein, dass sie im normalen Alltag vom Unterbewusstsein erinnert und umgesetzt wird. Im Grunde sorgt die posthypnotische Suggestion dafür, dass sich der Klient an ein wohltuendes Verhalten oder Gefühl erinnert, sobald ein bestimmtes Signal von außen eintrifft. Hier wird auch oft von „ankern“ gesprochen. Diese positiv formulierten Suggestionen werden vom Unterbewusstsein bereitwilliger umgesetzt als negative. Bei negativen posthypnotischen Befehlen wird der Fokus darauf gelegt, das unerwünschte Verhalten zu unterlassen. Es wird mit negativen Konsequenzen verbunden („Die Zigaretten schmecken bitter und eklig und Dich überkommt ein Würgereiz!“). Wer mag das schon? Wenn es schlecht läuft, möchte der Klient immer noch rauchen und es schmeckt auch noch richtig ekelhaft. Jetzt hat er **zwei** Probleme. Wir halten uns lieber an positiv besetzte Suggestionen!

Ausleitung

Eine hypnotisch erzeugte Trance sollte ebenfalls hypnotisch wieder ausgeleitet werden. Hierbei werden durch geeignete Suggestionen die vorherigen einleitenden Anweisungen wieder aufgehoben. Beispielsweise wird eine suggerierte Schwere der Arme wieder in eine Leichtigkeit überführt. Das Ausleiten der Trance ist mit dem Einleiten verbunden und negiert die jeweiligen Suggestionen zum Herbeiführen der Trance. Die Suggestionen zu dem gewünschten Zustand werden aufrechterhalten.

Der Coach lässt dem Klienten beim Ausleiten genügend Zeit ins Hier und Jetzt zurückzukehren. Schon alleine deshalb, weil die Ruhe und Gelassenheit in der Hypnose sehr angenehm ist. Und wer möchte da schon zurück? Deshalb wird die Ausleitung mit Ruhe durchgeführt und lässt dem Klienten ausreichend Zeit sich auf das „Aufwachen“ vorzubereiten.

Je angenehmer der gesamte Ablauf der Hypnose empfunden wird, umso eher werden nachfolgend auch die posthypnotischen Suggestionen umgesetzt.

Zusammenfassung

Wir haben eine komplette Hypnose durchlaufen. Wir haben deutlich gemacht, dass ein Vorgespräch der wichtigste Bestandteil ist. Sollten Sie einmal zu einem Coach Kontakt aufnehmen, der mit Hypnose arbeitet, achten Sie auf das Vorgespräch. Es ist wichtig.

Die Induktion kann auf verschiedene Arten durchgeführt werden. Im Coaching und der Therapie wird meist mit einer Induktion durch sprachliche Mittel gearbeitet.

Drogen sind absolut tabu.

Die eingeleitete Trance kann drei Stufen annehmen:

1. Leichte Trance (Somnolenz)
2. Mittlere Trance (Hypotaxie)
3. Tiefe Trance (Somnambulenz)

Durch Suggestionen, die auch nach der Hypnose noch ihre Gültigkeit behalten kann unser Unterbewusstsein sehr wirkungsvoll arbeiten. Diese Suggestionen bezeichnen wir als posthypnotische Suggestionen. Mit positiven Gefühlen belegte Suggestionen sind am wirkungsvollsten und angenehmsten.

Der durch die Hypnose erreichte angenehme Zustand der Entspannung und Gelassenheit wird langsam und gefühlvoll wieder ausgeleitet. Dadurch werden die Suggestionen der Induktion aufgelöst und zurückgenommen. Die Wirksuggestionen werden aufrechterhalten.

Dieser Ablauf bildet die Vorlage für unsere Selbsthypnose.

SELBSTHYPNOSE BEIM ZAHNARZT-ERFAHRUNGSBERICHT

Ich hatte eine panische Angst vor einem Zahnarztbesuch, seit ich ein Kind war. Sogar bei starken Zahnschmerzen hatte ich bis zum „geht nicht mehr“ gewartet. Nachdem ich meinen gesamten Mut gesammelt hatte und vorm Behandlungszimmer auf meinen Termin wartete, waren die Schmerzen plötzlich weg. Komplett. Des Öfteren. Bestimmt kennt der Eine oder der Andere von euch das auch…

Erst heute ist mir durch viele Gespräche mit Herrn Werner und das Nachdenken bewusst, was damals passiert ist. Und wozu wir fähig sind. Denn damals habe ich die Schmerzen vertrieben, weil die Behandlung für mich so unerträglich war. Ich hatte die Schmerzen für einen kurzen Moment einfach ausgeschaltet. Mit Hilfe von (Selbst)-Hypnose habe ich es geschafft, die Angst erst in den Griff zu bekommen und später auch abzustellen.

Und so ist es passiert: vor einem anstehenden Zahnarzt-Termin (kein Kontroll-, sondern ein Behandlungstermin mit allem Drum und Dran) hatte ich ein Gespräch bei Herrn Werner vereinbart. Herrn Werner kenne ich seit vielen Jahren und vertraue ihm. Deshalb konnten wir im Vorgespräch auch ziemlich schnell den Grund meiner Panik vorm Zahnarzt feststellen. Und der Grund war auch anders als ich dachte und sogar etwas überraschend für mich. Denn die ganze Zeit meinte ich zu wissen, was die Sache ist.

Auf die Frage, was bei mir die Angst auslöst, kam schnell die Antwort: „das Geräusch von der Bohrmaschine“. Allein beim Gedanken an das Geräusch hatte ich Gänsehaut und Herzrasen bekommen. Auch heute noch wird mir ungemütlich bei der Erinnerung daran.

Es hat sich herausgestellt, dass das Geräusch an sich zwar unangenehme Gefühle auslöst, nicht aber der Grund für die Angst ist. Durch Rückfragen von Herrn Werner und nach weiteren Überlegungen hatte ich mich an eine negative Erfahrung mit Zahnarztbehandlung im Grundschulalter erinnert. Die Geschichte war bei mir immer schon präsent und ich hatte die auch mit meiner Angst vorm Zahnarztbesuch verbinden können. Das hat aber keine weiteren Auswirkungen für mich gehabt. Ich wusste nicht, was ich mit dieser Information anfangen soll.

Im weiteren Gesprächsverlauf konnten wir genau ermitteln, dass die Angst durch den Kontrollverlust (ich bin dem Zahnarzt ausgeliefert und habe keine Kontrolle mehr über das, was mit mir geschieht) entsteht.

Eine andere Sicht der Behandlung (ich tue mir was Gutes), die Tatsache, dass ich meinem Zahnarzt vertraue und er sich immer korrekt und höflich benimmt sowie die Erleichterung, dass ich endlich verstehe, was mit mir los ist, haben mir ermöglicht, meine weiteren Zahnarztbesuche ohne Panik zu überstehen. Mittlerweile setze ich auch die Selbsthypnose zur Entspannung ein, die mir während dem Behandlungsprozess hilft.

Ich würde nicht behaupten, dass ich heute GERN zum Zahnarzt gehe. Nun habe ich keine Panikattacken mehr und empfinde meine Zahnarzttermine als etwas Normales und Selbstverständliches. Das Warten bedeutet für mich nicht mehr ein Graus, ich bleibe entspannt und ruhig. Und das Geräusch ist zwar immer noch blöd, macht mir aber nichts mehr aus.

Ich bin erstaunt über die Möglichkeiten der (Selbst)-Hypnose und wie schnell die wirkt. Diese bleibende positive Einstellung entlastet mich und ich weiß, dass ich auch in weiteren Lebenslagen darauf zurückgreifen kann und Erfolg habe. Ich bin frei von der Angst.

Ein herzliches Dankeschön an Herrn Werner für seine Unterstützung!(13).

UND NOCHMAL THEORIE

Darum geht es

In diesem Kapitel wollen wir uns mit zwei Zuständen befassen, die für die Selbsthypnose von Bedeutung sind: Entspannung und Stress.

Wir klären, was diese beiden Zustände für uns bedeuten und wie wir im Alltag damit umgehen.

Darüber hinaus beschäftigen wir uns mit unserer Aufmerksamkeit und Wahrnehmung. Es wird geklärt, was diese Begriffe bedeuten und welche Rolle sie in der Selbsthypnose spielen.

Und als Liste...

Und nochmal Theorie
Was verstehen wir unter Entspannung?
Und wie steht es um den Stress?
Die Rolle der Aufmerksamkeit.
Was gelangt in die Wahrnehmung?

Entspannung und Stress

„Ich müsste mich mal wieder entspannen!"

Kennen Sie diesen oder ähnliche Sätze?

Entspannung!

Da geht es doch direkt schon los. Wir reden von ENT-Spannung. Den Hauptteil bildet hier die Spannung. Es entsteht der Eindruck, die Anspannung wäre der Normalzustand. Für die meisten Menschen scheint das auch perfekt zuzutreffen. Sie sehen das Entspannen als den aktiven Part an.

Geht es Ihnen ebenso? Bei der Frage nach Stress können Sie sofort mehrere Dinge, Geschehnisse und Situationen nennen, die bei Ihnen Stress hervorrufen. Es fällt Ihnen vermutlich sofort ein, was Stress bei Ihnen auslöst und wie Sie sich dabei fühlen. Sie haben ein ganzes Arsenal an Begriffen, um Ihren persönlichen Stress zu beschreiben.

Werden Sie nach „Entspannung" gefragt, fällt Ihnen möglicherweise nur ein, dass dafür der Stress aufhören müsste.

Wir neigen dazu, negative Zustände sehr genau zu beschreiben. Den positiven Zustand, das Entspannen, beschreiben wir durch das Fehlen des negativen Zustandes.

Wir haben oben gesehen, dass im Wort „Ent-Spannung" darauf hingewiesen wird, dass wir uns in einem gespannten Zustand befinden und diesen entfernen möchten. Allein dieser Sprachgebrauch führt bei vielen Menschen zu der unterbewussten Annahme, sich zu entspannen sei eine enorm anstrengende Angelegenheit. Wo doch gerade das Gegenteil der Fall ist. Sich anzuspannen ist der aktive Teil. ENT-spannen ist mit Loslassen verbunden. Sie ist der leichte Teil. Anspannen verlangt Energie. Wenn wir etwas spannen möchten, müssen wir aktiv werden. Wir müssen Kraft aufwenden. Das Entspannen kommt von alleine. Man muss lediglich damit aufhören Kraft für das Anspannen zu verschwenden.

Fragen Sie mal einen Bekannten oder Arbeitskollegen nach seiner Entspannung. Vermutlich werden Sie statt einer Antwort lediglich einen Seufzer hören. Sollte er doch antworten, wird er vermutlich sehr schnell bei seinem Stress und seinem Ballast landen. Bei einigen Mitmenschen entsteht der Eindruck, es sei ihnen unangenehm keinen Stress zu empfinden.

Nun fragen Sie denselben Menschen mal nach seinem Stress. Nehmen Sie sich Zeit. Jetzt geht es nämlich rund. Der Gefragte wird Sie vermutlich in ein einstündiges Gespräch über seinen Stress und seine Belastung verwickeln. Wobei es wohl eher ein Monolog als ein Gespräch wird. Dazu kann jeder etwas sagen und tut das auch mit wachsender Begeisterung. Zur persönlichen Ruhe fällt den meisten Menschen nur ein, dass sie dafür keine Zeit haben.

Schauen Sie einmal im Internet nach Definitionen für Entspannung. Ich habe eine gefunden, die 35 Worte umfasst. Dieselbe Quelle hatte für die Definition von Stress 213 Wörter benutzt (14). Bemerkenswert.

Stress
Stress ist ein Kunstwort. Es wurde 1936 von dem österreichisch-kanadischen Biochemiker Hans Selye aus der Physik entliehen, um über einen spezifischen Zustand unseres Körpers besser reden und damit forschen zu können.

In der heutigen Zeit ist der Stress für viele Menschen der Normalzustand. Am Arbeitsplatz, in der Familie, selbst in der Schule und im Kindergarten wird über Stress und seine Folgen diskutiert. Und diese Folgen sind enorm.

Unser Organismus hat den Stress im Laufe der Evolution als Schutzmechanismus entwickelt. Und der hat sich als äußerst wirksam erwiesen. Das Überleben der Menschheit wäre ohne die segensreiche Erfindung „Stress“ schwer denkbar. Nur der Stress hat dazu geführt, dass unsere Vorfahren beim Anblick des Höhlenbären in sehr großer Eile geflüchtet sind oder in ausweglosen Situationen mit gewaltiger Kraft um ihr Leben kämpfen konnten.

Stress ist also durchaus sinnvoll für uns Menschen. Bei Stress werden Hormone ausgeschüttet, Organfunktionen herauf- oder heruntergefahren, Muskeln angespannt, Blutgefäße verengt oder geweitet, die Sicht eingeschränkt, Nerventätigkeit abgeschwächt und vieles mehr. All diese Reaktionen setzen den Körper unter eine gewaltige Spannung.

Unsere Vorfahren fanden das sicher absolut fantastisch. Sie waren jetzt in der Lage mit aller Energie zu flüchten oder zu kämpfen und haben den Stress direkt wieder abgebaut. Sie haben ihn buchstäblich verbrannt.

In unserer heutigen Zeit ist es schwierig oder gar unmöglich bei jeder Gefahrensituation den Körper wieder abzureagieren. Es ist uns unmöglich gegen jedes Auto zu kämpfen, das auf uns zu rast. Wir können auch schwerlich gegen den aggressiven Chef kämpfen oder vor ihm davonlaufen. Wollten wir bei jedem erschreckenden Geräusch Hals über Kopf flüchten, wir hätten viel zu tun. Denken Sie an die Bewohner des Rhein-Main Gebiets mit dem ständigen Fluglärm.

Wir werden heute an einem Tag dem Stresspensum ausgesetzt, das unsere Vorfahren in einem ganzen Leben zu bewältigen hatten. Es wird allerdings versäumt sich des dadurch entstandenen Ballasts zu entledigen. Die Folgen für den Körper sind katastrophal, wie Millionen von psychosomatischen Erkrankungen beweisen.

Wenn wir allerdings kaum noch in der Lage sind den Stress beim Entstehen abzubauen, sollten wir für genügend Möglichkeiten sorgen, um uns zu regenerieren und von den Folgen der belastenden Situationen zu befreien.

Indem wir bewusst an unserer Ruhe und Gelassenheit arbeiten, können wir erreichen, was unsere Vorfahren durch Flucht oder Kampf erreicht haben. Wir erhalten unseren Körper gesund. Zudem haben wir schon gesehen, dass wir gerade in einer Ruhephase sehr aufnahmebereit für Neues sind. Das bedeutet, in diesem Zustand fällt es uns sehr leicht unliebsame Gewohnheiten zu ändern, uns zu motivieren, Selbstvertrauen zu stärken und dergleichen mehr.

Wir wollen daher den Begriff „Entspannung“ in diesem Buch nur zu beschreibenden Zwecken benutzen. In der Rede mit sich selbst wird besser das Wort „Gelassenheit“ benutzt (siehe „Die Worte, S. 55“).

Um effektiv an sich arbeiten zu können, ist ein gelockerter Zustand unerlässlich. Nur in dieser Lage haben wir die Möglichkeit überlegt und sorgfältig zu handeln. Wollen wir eingefahrene Strukturen aufbrechen und verändern, ist es notwendig über das eigene Handeln nachzudenken. Und das ist in einer angespannten Situation schier unmöglich.

Befinden wir uns im Stress, laufen fast nur noch automatisierte Vorgänge ab, die wir uns über Jahre antrainiert haben. Diesen Umstand machen sich Sportler zunutze, wenn sie Bewegungsabläufe wieder und wieder trainieren, um sie in einer Wettkampfsituation automatisch benutzen zu können. Automatisch bedeutet, dass diese Vorgänge nun sehr schwer zu verändern sind, denn wir rufen sie nur noch unterbewusst ab.

Wenn wir auf eingefahrene Verhaltensmuster einwirken möchten, ist es hilfreich diese in einem entspannten Zustand zu betrachten.

Aufmerksamkeit

Einleitung

Im Kapitel „Ablauf einer Hypnose" (S. 20) wurde deutlich, dass der Hypnotiseur dem Klienten hilft die Aufmerksamkeit ins Innere zu lenken. Die Klienten sprechen oft davon, sich selbst viel deutlicher gespürt zu haben. Das Selbstbewusstsein steigt. Selbstbewusstsein drückt hierbei aus, dass man sich seines Körpers und seiner Gedanken bewusst ist. Der Ausdruck wird gerne mit Selbstvertrauen gleichgesetzt. Wir wollen hier unterscheiden. Selbstbewusstsein bedeutet, der Körper und die Gedanken befinden sich in der eigenen Aufmerksamkeit.

Damit kommen wir zu der Frage: Was ist das überhaupt, Aufmerksamkeit?

Definition

Die Aufmerksamkeit ist unserer Wahrnehmung vorgeschaltet. Sie ist einer der ersten Filter in unserem Gehirn und trifft eine Vorauswahl, welche Sinneseindrücke für unsere momentane Situation wichtig sein könnten (15). Die Aufmerksamkeit weist die Ressourcen unseres Gehirns den eingehenden Inhalten zu. Und die verfügbaren Mittel sind begrenzt. Deshalb filtert sie.

Sinneseindrücke
Der Schmerzforscher Manfred Zimmermann von der Universität Heidelberg geht davon aus, dass pro Sekunde ca. 11 Millionen Bit an Information von uns aufgenommen werden.

Durch die Aufmerksamkeit wird festgelegt, welche Inhalte es in die Wahrnehmung schaffen. Nur was in der Aufmerksamkeit war, kann in die Wahrnehmung gelangen und damit in unser Bewusstsein.

Es existieren evolutionsgeschichtlich verankerte Reize, die automatisch Aufmerksamkeit binden. Ein lauter Knall hat sofort unsere volle Aufmerksamkeit. Wir stammen vermutlich von den Menschen ab, die bei einem lauten Knall sofort in Deckung gingen. Diejenigen, die bei einem Knall den Kopf in die Höhe gestreckt haben, um zu schauen was da knallt, sind in der Frühzeit unserer Evolution direkt ihres Kopfes verlustig gegangen. Von denen stammen wir wohl kaum ab.

Kennen Sie die folgende Situation auch?

Sie unterhalten sich angeregt mit einem Freund oder Freundin. Das Thema ist äußerst spannend und es macht Ihnen Spaß sich zu unterhalten. Sie hören Ihrem Gesprächspartner zu, beantworten Fragen und bringen neue Argumente und Sichtweisen ein. Plötzlich drehen Sie den Kopf zur Seite und hören eine Nachricht über eine Naturkatastrophe. Bis zu diesem Moment „wussten" Sie von dem angeschalteten Radio gar nichts. Es spielte keine Rolle. Für die Unterhaltung war es unnötig. Das Gehirn blendete die eingehenden Informationen aus. Die Naturkatastrophe befand es für wichtig und schaltete daher von „Unterhaltung" auf „Radionachrichten". Das Radio war die ganze Zeit in Ihrer Aufmerksamkeit. Die Informationen gelangten nur nie in Ihr Bewusstsein. Sie wurden von einer weiteren Instanz ausgefiltert: Der Wahrnehmung.

Wahrnehmung

Einleitung

Die Inhalte der Aufmerksamkeit werden anschließend von der Wahrnehmung gefiltert. Nur was unsere Aufmerksamkeit für wichtig befindet, um unser momentanes Überleben zu sichern, gelangt in unser Bewusstsein (16).

Wollen wir uns mit Selbsthypnose beschäftigen und damit etwas verändern, müssen wir mit unserer Aufmerksamkeit und Wahrnehmung arbeiten.

Beim Experimentieren mit verschiedenen Gelassenheitsübungen können wir erleben, wie wir unsere Aufmerksamkeit und Wahrnehmung nach innen lenken können. Nehmen wir uns selbst wahr, nehmen wir damit die Arbeit unseres Unterbewusstseins wahr. Das liefert uns eine gute Möglichkeit mit ihm zu kommunizieren.

Welche Rolle spielt die Wahrnehmung?

Wahrnehmung bezeichnet im Allgemeinen den Vorgang der bewussten Aufnahme von Informationen eines Lebewesens über seine Sinne. So entsteht im Laufe des Lebens ein Abbild unserer Umwelt im Gehirn. Dieses Abbild ist geprägt durch Ereignisse und Erlebnisse.

Wie wir uns selbst und unsere Umwelt verstehen und erfassen ist in erheblichem Maße von dem abhängig, was wir erleben. Da diese Erlebnisse subjektiv sind, ist auch unsere Wahrnehmung subjektiv. Das bedeutet, dass ein Ereignis von verschiedenen Personen völlig unterschiedlich erfahren wird. Die Wahrnehmung filtert die jeweilig wichtigen Informationen heraus. Es kommen nur Informationen in unser Bewusstsein, die auch zu unserem Bild der Welt passen.

Dadurch wird die Umwelt von verschiedenen Menschen höchst unterschiedlich erfasst und aufgenommen. Polizisten und Richter erleben das immer wieder beim Vernehmen von Zeugen. Die Aussagen weichen oftmals so weit voneinander ab, dass man glauben könnte die Zeugen leben in verschiedenen Galaxien. Die Aufmerksamkeit der Beteiligten hat sich schlichtweg auf andere Dinge und Vorgänge in der Umwelt gerichtet. Die Wahrnehmung hat ihr Übriges dazu getan und nur das ins Bewusstsein befördert, was in der Welt der jeweiligen Person wichtig erscheint. So schildert der eine Zeuge den Unfall aus Sicht des Autofahrers, weil er von Autos fasziniert ist. Radfahrer hindern da eher und werden als störend empfunden. Der andere Zeuge ist begeisterter Radsportler und kann sich an alles erinnern, was den am Unfall beteiligten Radfahrer betrifft. Es können völlig unterschiedliche Unfallversionen entstehen, obwohl beide Zeugen dasselbe Geschehen beobachtet haben.

Dieser Mechanismus sorgt auch dafür, dass wir unsere eigene Person häufig völlig anders wahrnehmen als unsere Umwelt dies tut. Wenn wir nun in der Selbsthypnose mit unserer Aufmerksamkeit und der daran gekoppelten Wahrnehmung arbeiten, können völlig andere Dinge erfahren werden, als es bis dahin der Fall war.

Zusammenfassung

Das Wort Gelassenheit ist für die Arbeit an unserem „Selbst" besser geeignet als „Entspannung". Bei Entspannung liegt der Fokus auf „Spannung". Die meisten Menschen rücken den Stress in den Mittelpunkt ihres Lebens und damit in ihre Aufmerksamkeit.

Die Aufmerksamkeit bildet einen ersten Filter für eintreffende Sinneseindrücke. Und das sind viele, sehr viele. Da ist es sinnvoll die Aufmerksamkeit auf die Gelassenheit zu lenken. Umso größer ist die Wahrscheinlichkeit, dass sich unser zweiter Filter, die Wahrnehmung, mit dem Entspannt-Sein beschäftigt. Durch die Wahrnehmung gelangen sehr wenige Informationen der Umwelt in unser Bewusstsein.

In der Selbsthypnose geht es darum, die Aufmerksamkeit und die Wahrnehmung für sich arbeiten zu lassen, durch ENT-Spannung.

ETWAS ENTSPANNUNG

Darum geht es

Im Kapitel „Etwas Entspannung“ werden wir uns mit einigen einfachen Techniken beschäftigen, die zu innerer Ruhe und Gelöstheit führen. Es geht uns darum erste Erkenntnisse zu sammeln und auf die tiefergehenden Übungen vorzubereiten.

Und als Liste...

Etwas Entspannung
Einfache Entspannungstechniken kennenlernen.
Punkt fixieren.
Bauchatmung.
Atemzüge zählen.
Fingerspitzen aufeinander.
Gesichtsmuskeln.

Eine Einführung

Nach der Theorie über Entspannung, Aufmerksamkeit und Wahrnehmung wollen wir nun mal langsam die Praxis folgen lassen. Es geht hierbei darum einige einfache Möglichkeiten zu erfahren, die auch im Alltag gut einzusetzen sind. „Einfach" steht für leicht durchführbar. Die Techniken sorgen für eine tiefe Gelöstheit. Sie sind ohne Vorarbeit durchführbar. Je häufiger Sie die Techniken einsetzen, umso schneller und positiver wirken sie.

Die nachfolgenden Techniken sind an jedem Ort, in jeder Position und jeder Gemütslage praktikabel. Das ist das Wichtige an „einfachen" Entspannungsmethoden. Es ist dafür unnötig sich in eine besondere Sitzposition zu bringen. Sie brauchen keinen besonderen Tee oder Räucherstäbchen, um diese Methoden durchzuführen. Das Schöne an den von uns benutzten Techniken ist, dass sie zu jeder Zeit durchführbar sind. Sie können so sitzen, stehen oder liegen, wie Sie es immer tun. Sie benötigen kein Mantra, kein Sitzkissen. Das einzig Interessante beim Ausprobieren sind Sie.

Falls Ihnen jetzt der Gedanke durch den Kopf geht: „Ich will mich hinlegen!" Prima, tun Sie es. Genau darum geht es. Tun Sie das, wobei Sie sich wohl fühlen. Experimentieren Sie. Finden Sie heraus wie Sie die Techniken für sich optimieren können. Und wenn Sie doch ein Mantra und ein Sitzkissen benutzen möchten, perfekt. Wir wollen uns lösen, wir möchten loslassen. Jedes „Muss" ist dem abträglich. Es gibt keine Voraussetzung, außer: „Tun Sie, was Ihnen guttut!"

Achten Sie darauf, was passiert. Spielen Sie mit den Techniken. Experimentieren Sie. Es ist Ihre Gelassenheit. Gestalten Sie sie!

Aufwärmübungen

Punkt fixieren

Suchen Sie sich einen Punkt in Ihrer Umgebung. Vielleicht einen Baum vor dem Fenster, das Fenster selbst, die Kaffeetasse vor Ihnen. Es ist gleichgültig was Sie sich aussuchen. Möglicherweise ist es etwas, das Sie gerne anschauen und selbst das ist gleichgültig. Schauen Sie sich um. Vielleicht bleibt Ihr Blick an etwas haften. Vielleicht suchen Sie bewusst etwas aus.

Was immer Sie sich ausgesucht haben, schauen Sie es nun zunächst einfach nur an. Ohne zu bewerten, ohne auf etwas Bestimmtes zu achten. Schauen Sie es an.

Wenn Ihnen mit der Zeit etwas daran auffällt, schauen Sie sich an, **was** Ihnen auffällt. Gibt es keine Auffälligkeiten, keine interessanten Details. Auch das ist völlig okay. Schauen Sie den von Ihnen gewählten Punkt an. Und was auch immer mit Ihrer Aufmerksamkeit geschieht, lassen Sie geschehen.

Genau darum geht es uns. Die Aufmerksamkeit darf sich nämlich auch mal entspannen. Und diese Übung ist dafür sehr gut geeignet. Schauen Sie sich Ihren Punkt an und erleben, was passiert. Damit sind Sie ganz im „Hier und Jetzt".

Bauchatmung

Wenn Sie möchten können Sie sich für diese Technik hinlegen. Wenn Sie lieber sitzen möchten, setzen Sie sich. Und auch im Stehen ist diese Übung wunderbar durchzuführen. Tun Sie es so, wie Sie es für wohltuend halten. Und tun Sie es dann, wenn Sie es für gut halten.

Atmen Sie. Atmen Sie ein und aus. Einfach so. Und nun legen Sie Ihre Handflächen auf den Bauch, sanft und locker. Sie berühren locker Ihren Bauch und fühlen. Die Hände bewegen sich mit der Atmung. Sie bewegen sich auf und ab. Fühlen Sie es. Genießen Sie es. Atmen Sie ein und aus. Tun Sie das völlig normal so, wie Sie es immer tun. Achten Sie auf Ihre Hände.

Atmen Sie nun bewusst in den Bauch. Atmen Sie tief ein. Atmen Sie tief in den Bauch ein und aus. Fühlen Sie wieder Ihre Hände, die locker auf Ihrem Bauch liegen.

Atmen Sie in den Bauch und atmen nun ganz bewusst durch den Mund aus. Bei jedem Atemzug achten Sie auf Ihre Hände. Wann immer Sie möchten können Sie tiefer einatmen. Ganz so, wie es für Sie angenehm ist. Atmen Sie tief ein und lassen Sie den Atem frei. Lassen Sie los!

Achten Sie auf Ihre Hände.

Atemzüge zählen

Auch beim „Atemzüge zählen“ beginnen Sie mit bewusstem Atmen. Wobei ich hoffe, dass Sie ohnehin den lieben langen Tag und selbst in der Nacht atmen, was das Zeug hält.

Atmen Sie ein. Atmen Sie aus. Lassen Sie nach dem Einatmen los. Lassen Sie die Luft wieder heraus. Tun Sie das ohne die Muskulatur bewusst zum Atmen einzusetzen. Sie entspannt sich von alleine. Das ist natürlich. Durch das Einatmen wird die Atemmuskulatur angespannt. Zum Ausatmen entspannt sie sich und die Luft kann aus der Lunge entweichen. Lassen Sie die Muskulatur los. Achten Sie darauf, was geschieht.

Und nun beginnen Sie zu zählen. Zählen Sie Ihre Atemzüge. Es ist unerheblich, ob Sie das Einatmen oder das Ausatmen zählen. Wenn Sie während der Übung wechseln möchten, wechseln Sie. Tun Sie es so, wie es Ihnen in den Sinn kommt. Bei jedem Atemzug zählen Sie.

Fingerspitzen aufeinander

Bei dieser Technik benutzen wir die Finger. Legen Sie die Fingerspitzen aufeinander. Lassen Sie die Finger locker. Manche Menschen neigen dazu die Finger aufeinander zu pressen und drücken sie durch. Durchgedrückte Finger sind angespannt. Wir wollen ENTspannen. Legen Sie die Finger gelöst aufeinander. Achten Sie auf das Gefühl in den Fingerspitzen. Es pulsiert. Fühlen Sie Ihren Puls, Ihren Herzschlag. Fühlen Sie Ihr Herz.

Genießen Sie es!

Gesichtsmuskeln

Die Gesichtsmuskulatur ist ein hervorragendes Werkzeug zur Entspannung. Im Gesicht spüren Sie die Folgen von Anspannung und Entspannung sehr deutlich. Der Kiefermuskel ist einer der stärksten Muskeln im menschlichen Körper. Und er ist einer der wenigen Muskeln, die im Normalzustand angespannt sind. Am Kiefermuskel lässt sich bei unseren Mitmenschen auch wunderbar ablesen, ob sie sich im Stressmodus befinden. Bei den meisten Menschen kann man eine komplett angespannte Kiefermuskulatur sehr deutlich sehen. Das ist ein prima Ausgangspunkt, um damit an unserer Lockerheit zu arbeiten.

Achten Sie auf die Muskulatur in Ihrem Gesicht. Lösen Sie die Muskeln im Gesicht.

Beginnen Sie mit den Augenbrauen. Meist werden die Augenbrauen angezogen. Lassen Sie los. Lösen Sie nun die Spannung im Kiefer. Fühlen Sie die angenehme Schwere und achten Sie auf das Gefühl in den Wangen. Lösen Sie die Muskulatur in den Wangen. Fühlen Sie, wie sich dadurch immer mehr Muskeln in Ihrem Gesicht lösen. Nun achten Sie auf Ihre Zunge. Lösen Sie sie. Und gehen Sie diesen Ablauf wieder durch. Augenbrauen lockern. Kiefer lockern. Wangen lockern. Zunge lockern. Lassen Sie sich immer mehr darauf ein. Lösen Sie die Muskeln mehr und mehr.

Erste Erfahrungen

Nachdem Sie die Techniken ausprobiert haben, mit ihnen gespielt haben, denken Sie darüber nach, was geschehen ist. Ist Ihnen beim Ausprobieren aufgefallen, dass alle fünf Übungen die Aufmerksamkeit auf automatische Abläufe lenken?

Wir haben dafür bei jedem Mal einen anderen Einstieg benutzt. Beispielsweise haben wir einen Punkt fixiert und sind fließend zum Wahrnehmen unserer Gefühle übergegangen. Und beim Atmen in den Bauch fing es mit den Händen an und ging über in das bewusste Atmen. Der Körper entspannt sich, wenn wir ihn bewusst fühlen.

Die oben beschriebenen Techniken leiten dazu an, den Puls, die Atmung, den Herzschlag, die Muskulatur und die Gefühle bewusst wahrzunehmen und zu fühlen. Eben diese Abläufe werden auch in der Hypnose eingesetzt. Die Aufmerksamkeit wird sanft auf einen bestimmten Punkt gelenkt. Die Wahrnehmung ist beschäftigt und das Unterbewusstsein kommt hervor.

Bei der Bauchatmung ist das Bewusstsein mit den Händen beschäftigt und das Unterbewusstsein mit dem Atmen. Wird der Ablauf durchgeführt, gelangt beides in die Aufmerksamkeit. Die Wahrnehmung kann sich mangels Ressourcen unmöglich mit beidem beschäftigen.

Ist Ihnen aufgefallen, dass Ihr Bewusstsein hin und her springt? Sie ist mal bei den Händen und als nächstes beim Atmen. Mit der Zeit entscheidet sie sich für einen Inhalt. Das ist der Moment, in dem das Unterbewusstsein nach vorne kommt. Die Trance setzt ein.

Experimentieren Sie ruhig noch weiter mit diesen ersten „Aufwärmübungen". Sie sind gut geeignet die eigene Trance kennenzulernen. Auch die verschiedenen Trancetiefen lassen sich hier schon erfahren. Spielen Sie noch etwas damit oder gehen Sie weiter zu den aufbauenden Techniken. Sie machen wieder das, was Ihnen gut und richtig erscheint.

Zusammenfassung

Wir haben in diesem Kapitel fünf Entspannungsübungen kennengelernt, die dazu geeignet sind die Aufmerksamkeit zu führen. Dadurch haben wir auch die Wahrnehmung gelenkt. Die Praktiken hatten zum Ziel etwas von außen in die Aufmerksamkeit zu rücken und daraufhin innere Abläufe wahrzunehmen. Durch diesen Wechsel von außen nach innen konnten wir erste Tranceerfahrung sammeln. Das Bewusstsein ist mit der Wahrnehmung irgendwann etwas überfordert und legt sich auf einen Inhalt fest. Es ist gleichgültig ob es der äußere oder der innere ist. Beide sind in der Aufmerksamkeit. Durch das Festlegen wird die Trance ausgelöst.

DIE SPRACHE

Darum geht es

Wir haben schon im Kapitel „Ablauf einer Hypnose“ (S. 20) gesehen, dass die Sprache sowohl im Vorgespräch als auch in der Trancearbeit eine wichtige Rolle spielt. Aus diesem Grund wollen wir uns in diesem Kapitel mit der Sprache in der Hypnose / Selbsthypnose etwas genauer beschäftigen. Wir werden die Bedeutung der Sprache für die Selbsthypnose beleuchten. Daran anknüpfend schauen wir uns beliebte Sprachmuster an. Vielleicht erkennen Sie sich bei einigen davon wieder. Es folgen aufbauende Sprachmuster, die in der Selbsthypnose eingesetzt werden können. Den Abschluss bildet eine kleine Liste von Worten, die in Ihrer Selbsthypnose Einsatz finden können.

Und als Liste...

Die Sprache
Welche Rolle spielt die Sprache in der Selbsthypnose?
Sprachmuster helfen uns in der Trancearbeit.
Und die Sprachmuster gehen noch weiter.
Einige Worte, die Sie einsetzen können.

Bedeutung der Sprache in der Selbsthypnose

Sprache ist für uns Menschen ein gewaltiges Werkzeug. Sprache hat uns vermutlich erst zu dem gemacht, was wir sind. Sprache gibt uns die Möglichkeit mit der Umwelt in Verbindung zu treten. Wir bauen damit soziale Kontakte auf… oder auch ab. Wir können über Sprache Anweisungen geben, beschreiben und Hilfe anfordern. Sprache ist überlebenswichtig. Umso verwirrender ist, dass wir so wenig darüber nachdenken. Es herrscht der Glaube vor, Sprache funktioniert einfach so.

„Das habe ich doch einfach nur so gesagt!"

Dieser Satz sagt schon alles. Sprache läuft zu einem großen Teil unterbewusst ab. Es gibt eigene Hirnareale für das Sprechen und das Aufnehmen von gesprochener Sprache (17). Vielleicht sind es diese unterbewusst ablaufenden Vorgänge, die uns glauben machen Sprache würde einfach so funktionieren. Deshalb werden wir einige Gedanken darauf verwenden, wie wir zumindest in der Selbsthypnose mit Sprache umgehen. Und wenn Sie daraus etwas für die tägliche Kommunikation mitnehmen können, ist das noch besser.

Sprachzentrum
Nach heutigem Kenntnisstand sind beim Sprechen vor allem zwei Hirnregionen beteiligt. Das Broca-Areal (Paul Broca, franz. Neurologe, 1824-1880) ist für die Einhaltung der Syntax und der Grammatik ausschlaggebend. Darüber hinaus steuert es die Motorik. Das Wernicke-Areal (Carl Wernicke, deutscher Arzt, 1848-1905) ist für die Erkennung der Sprache wichtig. Es „übersetzt" die eingehenden akustischen Signale in Wörter.

Sprache ist ein wichtiges Instrument bei der Arbeit mit Hypnose. Es ist oftmals auch das einzige Werkzeug, um die Aufmerksamkeit des Klienten zu lenken (siehe „Aufmerksamkeit", S. 37). Über die Sprache werden Bilder und Gefühle erzeugt. Sie ermöglicht es Denkprozesse anzustoßen und eben auch die Aufmerksamkeit auf das gewünschte Thema zu lenken. Die Kunst bei der Hypnose ist es, die gewünschten Punkte in der Aufmerksamkeit zu halten, während sich die Wahrnehmung mit etwas anderem beschäftigt (siehe „Wahrnehmung", S. 38). Dadurch kann sich das Unterbewusstsein mit dem Thema auseinandersetzen, ohne dass unser Bewusstsein es mitbekommt.

Im Folgenden werden wir uns mit einigen sprachlichen Möglichkeiten vertraut machen, die es uns ermöglichen die Sprache für die Entspannung und später für die Selbsthypnose zu nutzen.

Sprachmuster

Das Lenken der Aufmerksamkeit spielt in der Hypnose eine wichtige Rolle. Auch bei der Entspannung ist das wichtig. Und das ist unsere vorbereitende Maßnahme zur Selbsthypnose (siehe „Etwas Entspannung“, S. 41).

Bei der Selbsthypnose ist es von großer Wichtigkeit, wie wir mit uns selbst reden. Durch geeignete Sprachtechniken und eine gezielte Wortwahl lässt sich die Gelassenheit noch vertiefen und zur Selbsthypnose überleiten. Sprachmuster lassen sich einsetzen, um die Trance zu vertiefen. Sie sind ebenfalls hilfreich, um Aussagen leichter aufnehmen zu können. Sie können mit den folgenden Sprachmustern an Gewohnheiten arbeiten. Dadurch lassen sich alte Gewohnheiten aufweichen und lösen. Und ebenso können Sie durch Aussagen Ihrem Unterbewusstsein neue Gewohnheiten schmackhaft machen.

Sprachmuster bilden den Leim zwischen den einzelnen Worten. Es folgen einige einführende Muster.

Und-Verknüpfung

Achten Sie einmal darauf, wie häufig wir in Gesprächen das Wort „aber“ benutzen. Und es ist alles andere als gut. Ein „aber“ negiert die vorherige Aussage. Es gibt Gesprächspartner, die ihre Sätze sogar mit „Ja, aber…“ anfangen. Und mit schöner Regelmäßigkeit bringen sie damit ihr Gegenüber in beeindruckender Geschwindigkeit auf die Palme. Auch bei Gesprächen mit uns selbst achten wir selten auf die Wortwahl. „Aber“ ist seit unserer Kindheit negativ besetzt. Nach „aber“ kam der Haken an der Sache.

„Wir gehen Eis essen, aber vorher räumst Du Dein Zimmer auf!“

Von wegen „Eis essen“! Da müsste ja irgendjemand das Zimmer aufräumen. Das „aber“ stoppt.

„Wir gehen Eis essen!". „Stopp!" „Vorher räumst Du Dein Zimmer auf!"

Die Reihenfolge ist falsch. Es soll doch erst das Zimmer aufgeräumt werden und danach geht es zum Eis essen. Da haben wir auch schon die Lösung. Das kleine Wörtchen „und". Sie können jedes „aber" durch ein „und" ersetzen. Sie müssen lediglich die Reihenfolge der Aussagen ändern.

„Du räumst Dein Zimmer auf und wir gehen Eis essen!"

Klingt doch gleich positiver und fordert zum Handeln auf. „Und" zeigt in die Zukunft und motiviert. Vielleicht ist das Zimmer danach noch immer etwas unstrukturiert, ein Anfang ist jedenfalls gemacht.

„Und" verbindet Gleichartiges. Und so lassen sich auch Dinge unterbringen, die zunächst gar keine Verbindung zueinander haben.

„Ich liege hier. Und ich atme und fühle meine Arme und entspanne."

Wir haben über die Jahre gelernt, dass Aussagen, die durch „und" verknüpft sind, eine Einheit bilden. Sie gehören zum gleichen Thema. Ist die erste Aussage wahr, verbinden wir mit „und" weitere wahre Aussagen. Genau das ist der Zweck dieses unscheinbaren Wörtchens. Die obigen Aussagen „liegen", „atmen", „fühlen" werden direkt als wahr empfunden. Sie sind sofort nachvollziehbar und werden bestätigt. Die vierte Aussage wird durch „und" angehängt und lässt sich so am Kritikbewusstsein vorbeischleusen. Dadurch steigt die Chance, dass auch sie als wahr eingestuft wird. Und in diesem Buch finden wir das Wörtchen „aber" nur in diesem Abschnitt. Weshalb wohl?

Weil-Verknüpfung

Bei der Formulierung einer Autosuggestionen ist es von Vorteil sein eigenes Bewusstsein ein wenig auszutricksen. Schon mit dem Wörtchen „und" ist es unser Ziel gewesen unser Kritikzentrum zu überlisten, indem wir mehrere wahre Aussagen mit der Wunschaussage verbunden haben. Mit dem nächsten Kniff wollen wir erreichen, dass unser Bewusstsein die Aussage der Suggestion als begründet sieht. Wir neigen dazu, einer Aussage Glauben zu schenken nur, weil wir sie für begründet halten.

Das Wörtchen „weil" ist dafür wie gemacht. Damit lassen sich ebenfalls Aussagen am Bewusstsein vorbeischleusen, um ihre positive Wirkung entfalten zu können. In einer fast unglaublich anmutenden Studie wurde eindrucksvoll bewiesen, dass unserem Gehirn schon das Wort „weil“ ausreicht, um eine Aussage für begründet zu erachten (siehe Kasten).

Das Wörtchen „Weil“

In einem Feldversuch von Ellen Langer (Professorin für Psychologie, Harvard University) wurde die Bedeutung des Wörtchens „Weil“ deutlich.

Langer und ihre Mitarbeiter nutzten für ihren Versuch den Kopierer der Uni. Zu Semesterbeginn entstand dort regelmäßig eine längere Warteschlange. In dem Versuch sollte nun ermittelt werden, mit welcher Strategie man sich am ehesten „vordrängeln“ kann. Ein Mitarbeiter ging zum Ersten in der Warteschlange und sprach ihn mit einem vorbereiteten Satz an.

Getestet wurden drei Vorgehensweisen.

„Entschuldigung, ich habe 5 Seiten. Könnten Sie mich bitte vorlassen, weil ich es sehr eilig habe“

„Entschuldigung, ich habe 5 Seiten. Könnten Sie mich bitte vorlassen?”

„Entschuldigung, ich habe 5 Seiten. Können Sie mich bitte vorlassen, weil ich Kopien machen muss.”

Die Erfolgsquote bei Variante 1 lag 94%.

Variante 2 kam immerhin auf 60%.

Wie würden Sie nun die Erfolgschancen von Variante 3 einschätzen?

Die meisten Menschen geben für Variante 3, mit der schon fast absurden Begründung, eine Chance von weniger als 60% an.

Tatsächlich hatte das Team von Ellen Langer mit Variante 3 in 93% der Fälle Erfolg.(18)

„Ich liege hier und fühle meinen Arm. Weil ich meinen Arm fühle und entspanne, komme ich immer tiefer und tiefer in diesen angenehmen Zustand“.

Die obige Weil-Aussage suggeriert einen Zusammenhang zwischen dem Fühlen des Arms und der Entspannung. Getrennt betrachtet besteht selbstverständlich überhaupt kein Zusammenhang. Das Wörtchen „weil" wird benutzt, um diese Illusion zu erzeugen.

Verallgemeinerungen

„Das haben wir schon immer so gemacht!" „Das weiß doch jeder!" „Bei so etwas wird man halt wütend!" „Das war alles schrecklich!"

Kennen Sie diese Sätze?

Verallgemeinerungen benutzen wir in der alltäglichen Kommunikation nur zu gerne. Sie werden benutzt, um eine Aussage aufzuwerten. Das weiß doch jeder. Wenn das jeder weiß, wäre widersprechen nachteilig. Der Widersprechende würde damit seine Unwissenheit preisgeben. Das möchte er vermutlich vermeiden. Diese allgemein gefassten Aussagen passieren schnell ungeprüft unser Bewusstsein.

Durch Generalisationen können wir unserem Unterbewusstsein vorgaukeln ein bestimmter Zustand wäre allgemein gültig. Dadurch wird er leichter annehmbar und selbst unser Verstand hinterfragt solche Verallgemeinerungen selten.

„Alles entspannt sich!"

„Jeder Mensch kann entspannen und in Trance gehen."

„Immer wenn ich diese Musik höre entspanne ich!"

Diese allgemeingültig formulierten Aussagen haben gute Chancen von unserem Unterbewusstsein angenommen zu werden.

Wiederholung

Wiederholung schafft Wahrheit. Wir neigen dazu Aussagen, die wir oft hören, für wahr zu halten. Es reicht alleine die Tatsache, dass sie wiederholt werden. Jeder Marketingexperte kann davon ein Lied singen. Die Werbeindustrie lebt davon. Sie sorgt mit Radio- und Fernsehspots, Werbeplakaten und Internetkampagnen für die ständige Wiederholung ihres Slogans. Und wir glauben tatsächlich irgendwann, dass dieser eine Schokoriegel der beste von allen ist.

Das Schöne an dieser Technik ist, dass wir hinterher davon überzeugt sind, wir hätten die Wahl bewusst getroffen. Wer hat schon alle anderen Schokoriegel ausprobiert? Und eben darum funktioniert es beim nächsten Mal wieder hervorragend.

Der Wahrheitseffekt
Der Wahrheitseffekt (Truth-Effect, Validity-Effekt) beschreibt die Tatsache, dass wir einer Aussage umso mehr Glauben schenken, je öfter wir sie präsentiert bekommen.

Lynn Hasher, David Goldstein und Thomas Toppino führten dazu 1977 erstmals eine Studie durch. Sie legten ihren Versuchspersonen 60 Aussagen vor, die diese in wahr oder falsch einstufen sollten. Dieser Ablauf wurde in zweiwöchigem Abstand noch zweimal wiederholt. Bei diesen Aussagen war jeweils die Hälfte falsch und die andere Hälfte richtig. Bei allen drei Durchläufen waren 20 Aussagen identisch (10 wahr / 10 falsch) die anderen 40 variierten.

Bei jedem Versuchsdurchgang stuften die Probanden die 60 Aussagen auf einer Skala von eins bis sieben ein. Sie hatten zu beurteilen, für wie wahr sie die jeweilige Aussage halten.

Den wiederholten Aussagen wurde ein statistisch verwertbarer höherer Wahrheitsgehalt zugesprochen. (19)

Wiederholen Sie Ihre Autosuggestion immer und immer wieder. Wiederholung verstärkt zusätzlich die Aussage. Sie glauben selbst daran. Genau das ist es, was wir erreichen wollen. Wenn Sie an das glauben, was Sie erzählen, ist es Wahrheit und Sie haben sich weiterentwickelt.

Während

Suggestionen mit „während" zu formulieren ist ebenfalls sehr effektiv und macht sie für unser Unterbewusstsein greifbarer. Die gewünschte Aussage wird hierbei vor die tatsächlich geltende Aussage gestellt. Durch „während" wird ein Bezug hergestellt. Da die zweite Aussage von unserem Bewusstsein als geltend erkannt wird, neigt es dazu die Autosuggestion mit dem „während" ebenfalls als gültig anzuerkennen.

„Während ich fühle, wie sich die Kraft mehr und mehr in mir ausbreitet, liege ich hier, höre die Musik und genieße diesen angenehmen Zustand der Ruhe und Gelassenheit!"

Durch die Formulierung mit „während" benutzen wir eine Vorannahme, um die gewünschte Aussage an unserem Bewusstsein vorbei zu schleusen. Dass sich die Kraft mehr und mehr ausbreitet, wird durch die Aussage „ich höre die Musik" als gegeben vorausgesetzt. Wir neigen auch hier dazu, diese untergeschobene Aussage zu akzeptieren, ohne sie zu hinterfragen.

Die Worte

Achten Sie genau auf die Worte, die Sie wählen. Bei der Formulierung Ihrer Autosuggestionen und posthypnotischen Suggestionen spielt die Wortwahl eine große Rolle. Genau wie bei den Sprachmustern ist es auch hier nützlich mit den Worten zu spielen und die eigenen Vorlieben herauszufinden. Beim Ausprobieren mit verschiedenen Wörtern und Mustern wird schnell deutlich, welche für Sie persönlich am besten funktionieren.

Bei der Wortwahl kommt es auf jede Kleinigkeit an. Sie kennen dieses Sprichwort mit der Goldwaage und den Wörtern! Machen Sie es so. Legen Sie jedes Wort auf die Goldwaage. Achten Sie darauf welche Gefühle bei Ihnen entstehen. Achten Sie auf Bilder und Gedanken, die entstehen. Unser Gehirn funktioniert assoziativ. Es verbindet jedes Wort mit anderen Wörtern. Die negativen Auswirkungen kennen viele Menschen. Es ist das Grübeln, das „vom-Hundertsten-zum-Tausendsten-Kommen". Diese Assoziationen können wir spielerisch leicht auch positiv einsetzen. Deshalb achten Sie darauf, welche Wörter bei Ihnen mit welchen weiteren verbunden sind. Und schon wieder lenken Sie Ihre Aufmerksamkeit. Sie bringen mit der Wortwahl Ihre Aufmerksamkeit in die von Ihnen gewünschte Richtung.

Nachfolgend finden Sie ein **paar** Worte, die Sie bewusst in Ihre Texte einbauen sollten. Die jeweiligen Beispiele dienen lediglich als Richtschnur.

Ich

Wir haben oben gesehen, dass Aussagen leichter vom Unterbewusstsein aufgenommen werden, wenn sie verallgemeinert ausgedrückt werden. Anleitungen geben wir unserem Unterbewusstsein dagegen in der Ich-Form. Unser Unterbewusstsein verbindet das „Du" mit der Umwelt und bezieht es auf andere. Das ließe ein Hintertürchen offen. Es denkt sich: „Na und, was hat das mit mir zu tun!" Das möchten wir verhindern. Wir möchten mit der Selbsthypnose an uns arbeiten. Vielleicht möchten Sie alte Gewohnheiten ablegen, mit Stress umgehen oder Ihre Kräfte stärken. In jedem Fall ist es wichtig, wenn unser Unterbewusstsein weiß, wer gemeint ist. Ansonsten kommt es leicht zu dem Schluss, dass die alte Gewohnheit so bleiben kann, wie sie ist.

„Ich bin gelassen!"

„Ich höre die Musik!"

„Ich fühle die Temperatur im Raum!"

Unser Unterbewusstsein ist gewohnt, „Ich" auf sich selbst zu beziehen. Ich alleine kenne meine innersten Vorgänge und Gefühle. Dadurch ist die Aussage glaubhaft und wird umgesetzt. Das „Du" steht für eine andere, beobachtende Person (siehe Kasten).

Deshalb spielt in Romanen die Erzählperspektive eine entscheidende Rolle.

Ich-Perspektive

Ein kleines Experiment kann diese Perspektiven verdeutlichen.

Nehmen Sie sich dafür ungefähr eine Minute Zeit.

Schließen Sie jetzt die Augen. Stellen Sie sich vor, wie Sie an einem Tisch sitzen. Achten Sie auf die Umgebung. Schauen Sie sich alles genau an.

Was haben Sie gesehen?

Haben Sie sich an einem Tisch sitzend gesehen?

Die meisten Menschen sehen sich bei dieser kleinen Übung am Tisch, als ob Sie sich selbst von außen beobachten. In der Selbsthypnose streben wir die „normale" Perspektive an. Sie sehen den Tisch vor sich. Sie sehen Ihre Hände auf dem Tisch.

Sie sehen es genauso, wie Sie es auch im Alltag sehen, aus der Ich-Perspektive

Gelassen

Über die Worte „Entspannung“ und „Gelassenheit“ haben wir weiter oben schon gesprochen (siehe „Entspannung und Stress“, S. 33). Bei meiner Arbeit mit Hypnose und Selbsthypnoseseminaren hat sich gezeigt, dass „Gelassenheit“ weitaus positiver aufgenommen wird als „Entspannung“. Aus diesem Grund wird an dieser Stelle nochmal darüber gesprochen. Und außerdem... Wiederholung schafft Wahrheit.

Benutzen Sie in der Selbsthypnose immer wieder das Wort „gelassen“. Es ist effektiver als „entspannt“. Wir haben zum Ziel, die Aufmerksamkeit in die gewünschte Richtung zu lenken. Gewünscht ist die Ruhe und Gelassenheit. Benennen Sie, was Sie möchten. Wir sprechen von Gelassenheit. Dadurch erkennen wir sie an und bauen sie aus. Obwohl „entspannen“ positiv gemeint ist, schwingt das Hinderliche, nämlich die Spannung, immer mit.

Besser ist es von „gelassen“ und „Gelassenheit“ zu sprechen.

Angenehm

Mit dem Wort „angenehm“ lässt sich gut darstellen, was wir im Alltag oft für einen Unsinn reden. Bei der täglichen Kommunikation mit unseren Mitmenschen neigen wir dazu, etwas Positives durch die Abwesenheit des Negativen zu beschreiben. Ein Erlebnis oder eine Erfahrung wird als „nicht schlecht“ eingestuft. Das Essen, der Film, die Reise war „nicht schlecht“. Jetzt wissen wir, wie das Essen **nicht** war. Wir haben allerdings noch immer keinen Schimmer, wie es war.

Unser Unterbewusstsein kann bedeutend leichter folgen, wenn es weiß, was es tun oder empfinden kann. Es ist ihm wenig geholfen, wenn es gesagt bekommt, was es **nicht** tun soll. Und über das Wörtchen „nicht“ lässt sich leicht ein eigenes Buch schreiben.

Bauen Sie „angenehm“ immer wieder in Ihre Autosuggestionen ein. Wir benennen die gewünschten Zustände als das, was sie sind. Sie sind angenehm. Diese Ausdrucksweise ist für unser Unterbewusstsein viel leichter nachzuvollziehen.

Spielerisch

Durch spielen lernt der Mensch am meisten. Kinder spielen den ganzen Tag und bereiten sich damit auf das Leben vor. Als Erwachsener glauben viele Menschen, spielen wäre unnötig und vergeude Zeit. Spielen hat den Menschen zu dem gemacht, was er ist. Spielen ist für unsere Entwicklung wichtig. Im Spiel sind Missgeschicke und Rückschläge ausdrücklich erlaubt und oft sogar erwünscht. Sie sorgen für den Lerneffekt. Und das ist bei der Selbsthypnose selbstverständlich auch wichtig. Wir möchten dazulernen.

„Es gelingt mir jederzeit und spielerisch in diesen Zustand zu gelangen!"

„Spielerisch gelange ich in Trance!"

„Ich kann spielerisch leicht in diesen angenehmen Zustand der Ruhe und Gelassenheit gelangen!"

„Spielerisch" wird oft mit Leichtigkeit assoziiert. Hervorragend! So macht das Dazulernen Spaß. Solche Assoziationen wollen wir fördern. Sie lenken unsere Aufmerksamkeit auf einen angenehmen Punkt.

Und

Aussagen und Anweisungen werden immer wieder durch „und" verbunden. „Und" schafft Aktion und hält die Rede im Fluss. Dadurch wird der Text aktiver und fordert zum Handeln auf. „Und" motiviert mitzumachen (siehe „Sprachmuster", S. 50). Und genau das möchten wir unserem Unterbewusstsein vermitteln. Mitmachen macht Spaß und gelingt spielerisch leicht.

„Ich liege auf dem Sofa und gelange immer tiefer und tiefer in diesen angenehmen Zustand der Ruhe!"

„Und mein Geist wird leicht und locker!"

„Ich spüre den Sessel und die Ruhe!"

Zusammenfassung

Die Sprache ist ein herausragendes Werkzeug, um unsere Aufmerksamkeit zu lenken. Die Werbebranche macht es uns vor. Und wir können die Sprache in der Selbsthypnose benutzen.

Mit einfachen Sprachmustern können wir Aussagen gestalten, die es leichter in unser Unterbewusstsein schaffen. Durch angenehme Formulierungen verhindern wir, dass sich unser Bewusstsein dazwischenschaltet. Das Bewusstsein kritisiert ansonsten die Aussage und wir behalten die alten Gewohnheiten bei. Mit ansprechender Ausdrucksweise können wir unser Unterbewusstsein dazu bewegen etwas zu ändern.

- Aussagen werden durch „und" verknüpft
- „Weil" begründet eine Aussage angenehm
- Durch Verallgemeinerungen werden Aussagen als wahr eingestuft
- Wiederholung schafft Wahrheit
- „Während" überzeugt unser Unterbewusstsein von Gemeinsamkeiten

Auch die Wortwahl wird in der Selbsthypnose zum Lenken der Aufmerksamkeit eingesetzt. **Jedes** Wort spielt eine Rolle. Daher achten Sie auf die Wortwahl und legen jedes Wort auf die Goldwaage. Ihre Autosuggestionen werden dadurch angenehmer für Ihr Unterbewusstsein.

- „Ich" macht es unserem Unterbewusstsein leichter zu verstehen
- „Gelassenheit" ist positiver als „Entspannung"
- „Angenehm" drückt ein positives Gefühl positiv aus.
- „Spielerisch" macht Spaß und Lust auf das Tun
- Und „und" ist so klasse, dass es doppelt erwähnt wird

Viel Spaß beim spielerischen Üben!

SELBSTHYPNOSE IM BERUF - ERFAHRUNGSBERICHT

Selbsthypnose ist in meinem Beruf etwas ganz Alltägliches. Leider ist sie in diesem Rahmen in den seltensten Fällen positiv. Ich arbeite als Chirurgin in einem Krankenhaus. Sätze, wie „Ich bin krank“, „Ich habe Schmerzen“, „ Ich habe Angst“ sind an der Tagesordnung.

Bereits diese Worte, diese Gedanken sind Selbsthypnose…und verstärken sich schon allein durch das Denken und Aussprechen! Es gibt viele Menschen, die vor einer Operation vor Angst weinen oder zumindest die letzte Nacht schlecht schlafen. Gerade hier ist eine POSITIVE Selbsthypnose überaus hilfreich! „Ich werde gesund“, „Die Schmerzen sind eine normale Reaktion meines Körpers und dienen der Heilung“, „Ich bin geborgen und sicher während der Operation“!

Mein Ziel ist, jeden meiner Patienten vor einer Operation mindestens einmal zum Lachen zu bringen, in der Hoffnung, die negative Selbsthypnose für einen kleinen Moment zu unterbrechen.

Anfang des Jahres berichtete mir ein Bekannter, er müsse sich operieren lassen und habe große Angst davor. Wir besprachen seine Angst und erarbeiteten eine Selbsthypnose, die er in den Tagen vor der Operation durchführte. Hinterher erzählte er mir, dass selbst die Ärzte bemerkt hätten, wie ruhig und entspannt er sowohl vor, als auch nach der Operation gewesen sei. Keine Spur von Angst oder Unsicherheit! Und die Heilung wurde dadurch ebenfalls beschleunigt.

Auch ich nutze Selbsthypnose in meinem Alltag. Sowohl beruflich als auch privat. Das beginnt damit, dass ich meine Gedanken analysiere. Selbstverständlich kommt es nach einer extremen Notfallsituation vor, dass mein Denken ins Negative gleitet. Gedanken, wie „Ich kann das nicht noch einmal durchstehen“ oder „Was ist, wenn der nächste Notfall noch gravierender ist“ kommen auf und machen mir Angst. Diese gilt es zunächst zu stoppen und in etwas Konstruktives umzuwandeln. „Diese Situation ist gut verlaufen!“ „Ich habe daraus gelernt!“ „Die nächste Situation wird möglicherweise eine ebenso große Herausforderung, jedoch habe ich mein Wissen und Können, worauf ich vertrauen kann!“

Im privaten Rahmen ist Selbsthypnose ebenso hilfreich. Für viele Situationen. Zum Erkennen und Erreichen von Zielen. Zur Vorbereitung auf schwierige Gespräche. Um ungeliebte Eigenschaften aufzugeben. Und... Und... Und...

Meine erste „bewusste" Erfahrung mit Selbsthypnose machte ich durch Matthias Werner während meines Studiums. Mein Problem war das Lernen und die Prüfungen, insbesondere die mündlichen, bei denen ich regelmäßig in Panik geriet. Herr Werner zeigte mir einen Weg aus diesem Kreis der negativen Gefühle und schenkte mir eine andere Sicht auf das Lernen. Ich machte die Erfahrung, dass Lernen Spaß machen kann und nichts mit „pauken" zu tun haben muss.

Wir erarbeiteten in einer Sitzung meine persönliche Selbsthypnose, die ich in der Vorbereitungsphase durchführte. Nicht täglich, auch nicht geplant oder unter Zwang, sondern immer nur dann, wenn es mir in den Sinn kam, bei einem Spaziergang, auf dem Weg nach Hause oder in der Bahn. Die meiste Zeit war ich damit beschäftigt Spaß zu haben...beim Lernen!!!

Bei der nächsten Prüfung war ich entspannt und konnte im richtigen Moment auf mein Wissen zugreifen!

Dank Herrn Werner machte ich eine ganz neue Erfahrung! Es war ein gutes Gefühl, die Prüfung ruhig und gelassen abzulegen und dabei noch in Panik geratene Kommilitonen zur Seite zu stehen.

Es ist faszinierend, die eigenen Möglichkeiten zu entdecken! (20)

AUSBAU DER GELASSENHEIT

Darum geht es

Wir haben uns mit einführenden Entspannungsübungen beschäftigt. In diesem Kapitel geht es nun tiefer hinein, in die Trance. Wir wollen uns mit aufbauenden Techniken zum Erreichen von Gelassenheit beschäftigen. Dazu können wir die Erkenntnisse aus dem vorherigen Kapitel benutzen und sie vertiefen. Abschließend wollen wir uns noch einige Gedanken zum Üben der Techniken machen.

Und als Liste...

Ausbau der Gelassenheit
Warum vertiefen wir die Entspannung?
Rückwärts zählen.
Fern / Nah / Innen.
Sehen / Hören / Fühlen.
Ein paar Anmerkungen zum Üben.

Jetzt geht es tiefer

Wir nähern uns mehr und mehr der Selbsthypnose.

Wir haben im Verlauf des Buches schon erfahren, was mit einfachen Entspannungstechniken erreicht werden kann. Die bisherigen Vorgehensweisen dienen in der Selbsthypnose der Induktion. Wir können sie zur Einleitung benutzen. Anschließend können wir mit unseren sprachlichen Werkzeugen mit Autosuggestionen arbeiten.

Damit kommen wir zum Vertiefen der Ruhe. Um die einführende Gelöstheit weiter zu vertiefen, helfen uns die nachfolgenden Techniken.

Wenn Sie Erfahrungen mit der Selbsthypnose gesammelt haben, ist es auch durchaus möglich direkt mit den vertiefenden Techniken zu beginnen. Sie werden mit zunehmender Praxis feststellen, dass sich die Muskulatur schon löst, wenn Sie sich zur Selbsthypnose bereitmachen. Es tritt ein Ankereffekt ein.

Ankereffekt
Mit Ankereffekt wird die Tatsache bezeichnet, dass es möglich ist einen Reiz mit einer Reaktion zu koppeln. Wenn auf einen eingehenden Reiz immer wieder eine bestimmte Reaktion folgt, genügt in der Folge der Reiz um die Reaktion unterbewusst auszuführen. Die Reaktion wird mit dem Reiz verankert. Sie wird durch den Reiz ausgelöst und erfolgt automatisch. Dieser Effekt tritt auch auf, wenn Reiz und Reaktion zu Beginn keinen ursächlichen Zusammenhang haben. Die „Pawloschen Hunde" sind dafür ein gutes Beispiel.

Auch hier gilt wieder, spielen Sie, probieren Sie aus, testen Sie! Es ist ganz allein Ihre Ruhe und Gelassenheit die Sie ausbauen und nutzen möchten. Gestalten Sie sie nach Ihrem Empfinden!

Die Übungen

Von tausend rückwärts zählen

Bei vielen Entspannungsmethoden, wie beispielsweise der Meditation, leert der Übende zunächst seinen Geist. Oft geschieht das, indem er sich eine weiße, leere Wand vorstellt. Diese Vorstellung geht mit fortschreitender Praxis in die persönliche Gewohnheit über und kehrt die Wahrnehmung nach innen. Die Gedanken kommen zur Ruhe, die Gelassenheit setzt ein.

Einige Menschen tun sich anfangs schwer sich auf etwas Bestimmtes zu konzentrieren ohne währenddessen eine Aufgabe zu haben.

Hier bietet folgende Praktik einen guten Einstieg.

Führen Sie eine der Einstiegstechniken aus, die vorher besprochen wurde, um etwas zur Ruhe zu kommen. Danach schließen Sie die Augen. Stellen Sie sich die Zahl 1000 vor. Wie Sie das tun, ist völlig unerheblich. Vielleicht sehen Sie die Zahl, fühlen sie, schmecken sie. Sie tun das, was für Sie angenehm und vorstellbar ist.

Zählen Sie nun rückwärts, in Dreierschritten... 997... 994... 991 usw.

Irgendwann werden Sie merken, dass die Zahlen keine Rolle mehr spielen. Ihre Gedanken schweifen unter Umständen ab. Das ist völlig okay. Es gehört sogar dazu. Wenn Sie möchten fahren Sie an einer beliebigen Stelle fort rückwärts zu zählen. Sie können es auch so lassen, wie es ist. Meist ist das Abschweifen der Gedanken ein Hinweis darauf, dass die Vertiefung eingesetzt hat. Sie können diesen Moment auch nutzen, indem Sie ihn mit einer Autosuggestion verbinden.

„Und während die Zahlen für meine vertiefende Gelassenheit keine Rolle mehr spielen, werde ich immer gelassener und ruhiger!“

Spielen Sie mit Ihren eigenen Sprachmustern. Bauen Sie die erwähnten Worte ein (siehe „Die Worte“, S. 55) und experimentieren Sie damit.

Fern / Nah / Innen

Eine weitere Möglichkeit die einführenden Techniken zu vertiefen, ist es die Wahrnehmung in Schritten nach innen zu lenken. Durch einen vorgegebenen Weg fällt es uns leichter die Konzentration zu halten. Wir erkennen einen roten Faden und haben damit eine übergeordnete Aufgabe ähnlich wie bei der vorherigen Übung.

Führen Sie wieder eine der Einstiegsübungen aus, um etwas zur Ruhe zu kommen.

Richten Sie Ihre Aufmerksamkeit auf die Dinge, die Sie in der Ferne wahrnehmen können. Vielleicht hören Sie ein Flugzeug, das Rauschen einer Autobahn oder spielende Kinder. Stellen Sie sich diese Wahrnehmungen in der Ferne vor. Entdecken Sie immer mehr. Und formulieren Sie zu jeder Wahrnehmung eine Aussage.

„Ich höre das Flugzeug... Das Rauschen der Autobahn! Ich höre die spielenden Kinder!"

Wiederholen Sie es einige Male. Vielleicht möchten Sie auf Details achten. Vielleicht möchten Sie auf alle drei Wahrnehmungen in der Ferne gleichzeitig achten. Lassen Sie es geschehen. Genau darum geht es.

Nun bringen Sie Ihre Aufmerksamkeit etwas näher.

Lenken Sie Ihre Aufmerksamkeit in Ihre direktere Nähe. Möglicherweise läuft Musik, Sie fühlen das Sofa oder den Sessel auf dem Sie sitzen. Sie fühlen die Temperatur im Raum. Auch hier machen Sie wieder zu jeder Wahrnehmung in Ihrem Geist eine Aussage.

„Ich höre die Musik aus dem Radio. Ich fühle das Sofa, spüre das Kissen unter meinem Kopf. Ich fühle die Temperatur im Raum!"

Auch diese Aussagen wiederholen Sie einige Male. Und Sie achten wieder auf das, was geschieht.

Im nächsten Schritt kommen Sie noch näher. Sie lenken Ihre Aufmerksamkeit nach innen. Bringen Sie auch Ihre Wahrnehmung nach innen. Sie erleben Ihr Atmen, den Herzschlag, das Rauschen des Bluts. Nehmen Sie Ihren Körper immer mehr und klarer wahr. Und gehen Sie tiefer und tiefer. Tauchen Sie immer tiefer in Ihre Gelassenheit ein.

„Ich atme ein, ich atme aus. Und während ich atme und meinen Herzschlag fühle, gehe ich immer tiefer und tiefer in meine Ruhe und Gelassenheit."

Sehen / Hören / Fühlen

Bei dieser vertiefenden Praktik geht es darum immer mehr Empfindungen wahrzunehmen und zu benennen. Damit richten wir die Aufmerksamkeit automatisch auf und darauf folgend in unseren Körper. Das möchten wir erreichen. Es geht uns darum die Aufmerksamkeit nach innen zu lenken.

Vielleicht möchten Sie eine der Einstiegsübungen ausführen, um etwas zur Ruhe zu kommen.

Schließen Sie die Augen! Achten Sie darauf, was Sie nun „sehen". Manchmal nehmen wir noch eine Zeitlang ein Abbild dessen war, was wir zuletzt gesehen haben, bevor wir die Augen geschlossen haben. Vielleicht sehen Sie Farben oder Fussel auf der Netzhaut. Es ist völlig unerheblich was Sie sehen, benennen Sie es. Machen Sie eine Aussage dazu. Drei verschieden Aussagen sind prima. Unser Hirn steht auf die Zahl drei.

Die Zahl drei

Sie begegnen einer Fee im Wald. Wieviel Wünsche haben Sie frei? Drei! Wieviel Versuche haben Sie beim Sportwettkampf? Drei! Wie oft klopfen Sie auf Holz? Drei Mal! Und dabei sagen Sie vermutlich; „Toi, toi, toi!" Und der berühmte schwarze Kater wird ebenfalls drei Mal angerufen.

Es sind immer drei. Drei ist die erste Möglichkeit für unser Hirn ein Muster zu bilden. Und es ist eine Mustersuchmaschine. Mit Mustern fühlt sich unser Hirn wohl.

„Und während ich diese Farbe sehe und die Bewegung sehe und ich dieses Bild sehe, schwebe ich immer tiefer und tiefer in meine Gelassenheit und Ruhe!"

Jetzt gehen Sie zu dem nächsten „Eingangskanal", dem Hören. Nehmen Sie drei verschiedene Geräusche wahr und benennen diese.

„Ich höre das Rauschen meines Blutes, das angenehme Klopfen meines Pulses und meine innere Stimme, die mir spielerisch leicht hilft immer tiefer und tiefer in meine Ruhe und Gelassenheit einzutauchen!"

Und nun zum Fühlen. Auch hier nehmen Sie drei verschiedene „Signale" wahr und benennen diese.

„Ich spüre das angenehme Gefühl der Kleidung auf meiner Haut. Ich fühle wie das Blut durch meine Adern fließt und diese angenehme Wärme, während ich immer gelassener und ruhiger werde."

Folgen Sie diesem Ablauf so oft Sie möchten und gehen Sie immer tiefer und tiefer.

Übung macht den Meister

Wie bei allem im Leben gibt es drei Wege, um besser zu werden:

Üben! Üben! Üben!

...da ist sie wieder, die Zahl!

Spielen Sie mit den Entspannungstechniken. Starten Sie mit den einleitenden Übungen und führen Sie diese mit den vertiefenden Techniken weiter. Oder machen Sie es umgekehrt. Machen Sie doch einfach, was Sie wollen. Wir haben es in diesem Buch schon oft erwähnt. Und man kann es bei jeder Gelegenheit wiederholen. Selbsthypnose ist zu Ihrem Wohl. Und alles, was in irgendeiner Weise einen Zwang ausüben würde ist hinderlich. Und Sie hören auf Ihre „innere Stimme" (dreimal „und". Das hilft garantiert ...).

Achten Sie darauf, was Ihnen guttut und was Sie lieber weglassen. Und arbeiten Sie damit. Experimentieren Sie mit Ihren Erfahrungen. Es gibt bei der Selbsthypnose nur **einen** richtigen Weg:

Ihren!

(...ja, das steht absichtlich auf einer extra Seite)

Zusammenfassung

Die einleitenden Entspannungstechniken aus dem Kapitel „Etwas Entspannung“ (S. 41) leiten die Selbsthypnose ein. Und bieten dadurch eine erste Möglichkeit durch bewusst gewählte Sprache einige Autosuggestionen zu platzieren. Danach können wir mit vertiefenden Entspannungstechniken den angenehmen Zustand der Ruhe und Gelassenheit ausbauen.

Von tausend ab rückwärts zu zählen bindet unsere Aufmerksamkeit und wirkt gleichzeitig leicht ermüdend. Irgendwann spielen die Zahlen keine Rolle mehr und wir vertiefen (es wird ja rückwärts gezählt. Ganz schön pfiffig!) dadurch die Selbsthypnose.

Wenn Sie Ihre Aufmerksamkeit von der Ferne immer näher an sich heran lenken, wird sie ganz automatisch irgendwann bei Ihnen landen. Und Sie bringen sie noch näher, in Ihr Inneres. Wieder haben wir die Aufmerksamkeit nach innen gelenkt und vertiefen die Gelassenheit.

Auch das wechselnde Ansprechen der „Eingangskanäle“ vertieft die einleitenden Techniken und ermöglicht eine Trance. Sie gehen, selbst bei geschlossenen Augen, vom Sehen zum Hören, zum Fühlen. Immer wechselnd und immer wieder.

Und Sie üben spielerisch leicht, in angenehmer Umgebung, Ihre Gelassenheit zu vertiefen!

(...lediglich das Wörtchen „ich“ hat hier noch gefehlt!)

SELBSTHYPNOSE BEIM SPORT - ERFAHRUNGSBERICHT

Mein Interesse für Hypnose und auch Selbsthypnose hat mein Trainer Matthias Werner geweckt.

Eins meiner Probleme war, dass ich vor und bei Turnieren immer sehr aufgeregt war und das Gefühl hatte, nicht die Leistung bringen zu können, die ich während der Trainingssituation gewohnt war. Mit Hilfe von Herrn Werner gelang es mir eine Selbsthypnose zu erarbeiten, die mir in meinem Wettkampf half, eine gute Leistung zu bringen und obendrein Spaß dabei zu haben!

Ich habe sogar unwissentlich eine kleine Studie zum Thema Selbsthypnose an mir durchgeführt:

Als ich meine Ausbildung beendet hatte und meine erste Arbeitsstelle antrat, vernachlässigte ich mein Training sehr. Nach etwa einem Jahr fand ein Turnier statt, an dem viele meiner Vereinskollegen teilnahmen. An dem Tag des Wettkampfes ging ich ebenfalls in die Halle, um meine Kameraden anzufeuern. Insgeheim hoffte ich darauf, dass mich meine Freunde überreden würden, trotz fehlendem Training, bei dem Turnier mitzumachen. Ich wurde nicht enttäuscht.

Meine Nachmeldung wurde von der Turnierleitung akzeptiert und mein erster Kampf stand bevor. Erst jetzt bemerkte ich, dass ich nicht nur körperlich, sondern vor allem MENTAL völlig unvorbereitet war. Nun stand ich vor meiner ersten Wettkampfgegnerin und bekam keine Luft mehr, mein Herz raste und ich hatte nur noch den Wunsch weit weg zu sein. Diese Gefühle nahmen auch nicht ab, als der Wettkampf begann. Ganz im Gegenteil, mein Mund wurde zusätzlich noch trocken und ich hatte das Gefühl, ich könne mich nicht mehr bewegen...

Es war kein Spaß, es war eine Tortur!

Erst viel später fiel mir auf, dass diese Symptome nichts mit meiner körperlichen Fitness zu tun hatten, sondern mit meiner mentalen!

Genau ein Jahr später fand erneut dieses Turnier statt. Meine Trainingsintensität hatte sich in dieser Zeit nicht geändert und doch entschloss ich mich, an diesem Wettkampf teilzunehmen! Doch diesmal meldete ich mich regulär an und bereitete mich mit Hilfe von Selbsthypnose, die ich von Herrn Werner erlernt habe, mental darauf vor! Ich stellte mir Situationen des Wettkampfes vor, dachte an Bewegungsabläufe, hatte Spaß an den Techniken, die ich anwenden wollte. Interessanterweise nahm diese nicht viel Zeit in Anspruch. Vielmehr reichte es aus, dass ich gelegentlich am Tag für ein bis zwei Minuten an dieses Turnier, die Techniken und den Spaß dabei dachte. Als kurze Entspannungspause bei der Arbeit, beim Mittagessen oder abends vor dem Einschlafen...

Am Tag des Wettkampfes war ich ruhig und entspannt. Währenddessen konnte ich gut durchatmen und bewusst meine Techniken durchführen. Ich bekam auch keine konditionellen Probleme, wie beim letzten Mal und hatte ein erfolgreiches Turnier mit viel Spaß!

Dieses unfreiwillige Experiment zeigte mir deutlich, wie hilfreich Selbsthypnose ist. Dabei muss sie nicht mal zeitaufwendig sein. (21)

SELBSTHYPNOSE

Darum geht es

Und nun geht es an eine komplette Selbsthypnosesitzung. In diesem Kapitel wollen wir uns beispielhaft einen Ablauf einer Selbsthypnose anschauen. Die bis jetzt erworbenen Kenntnisse und Fähigkeiten wollen wir benutzen. Wir schauen uns eine Induktion an und setzen dazu die einleitenden Entspannungsübungen ein. Es folgen die Autosuggestionen. Anschließend vertiefen wir die Trance mit unseren aufbauenden Entspannungstechniken.

In diesem Abschnitt lernen wir auch noch andere Techniken zum Vertiefen kennen. Es folgen mögliche posthypnotische Suggestionen. Beenden werden wir unsere Selbsthypnose mit einer angenehmen Ausleitung.

Und als Liste…

Selbsthypnose
Induktion einer Selbsthypnose.
Jetzt wird formuliert – Autosuggestionen.
Um die Wirkung zu steigern, wird vertieft.
Das ist ein guter Moment für posthypnotische Suggestionen.
Und wieder zurück – Die Ausleitung.

Einleitung

Bisher haben wir uns den Entspannungstechniken gewidmet und diese anschließend vertieft. Manchmal wird das schon als Selbsthypnose bezeichnet. Und tatsächlich können wir das bis jetzt Erlernte durchaus als Einführung in die Selbsthypnose betrachten, als Selbsthypnose-Induktion. Und damit geht es natürlich erst los. Vermutlich ist das auch der Grund, weshalb es als Einleitung bezeichnet wird (das war schon wieder pfiffig).

Induktion

Bei der Induktion der Selbsthypnose geht es darum in einen Zustand der Ruhe und Gelassenheit zu gelangen, vergleichbar mit der Hypnose. In diesem Zustand ist das Setzen von Autosuggestionen viel leichter möglich als im normalen Wachzustand.

Sie können bei der Induktion Ihrer Selbsthypnose mit einer oder mehreren der einfachen Entspannungstechniken beginnen und diese mit einer aufbauenden Technik weiterführen.

Den veränderten Bewusstseinszustand, den Sie damit erreichen, können Sie nun noch weiter vertiefen. Dazu sind nachfolgend einige Möglichkeiten aufgezeigt (siehe „Vertiefung", S. 79).

Autosuggestion

Wenn über Hypnose, Selbsthypnose oder irgendeine weitere Methode zur Arbeit an seinem Selbst gesprochen wird, fallen auch meist die beiden Ausdrücke Suggestion und Autosuggestion. In der Hypnose werden Suggestionen vom Hypnotiseur gegeben. Er gibt Anregungen an das Unterbewusstsein. Es werden Aussagen gemacht, die unseren Denkapparat zu eben diesem anstiften, zum Denken.

Es ist vergleichbar mit dem Training eines Sportlers. Im Training sorgt der Trainer für Anreize. Der Körper wird mit exakt abgestimmten Übungen zur Entwicklung angeregt. Es bildet sich beispielsweise an den gewünschten Stellen Muskulatur. Er arbeitet mit dem Trainer zusammen. Sie haben sich abgestimmt, den Weg besprochen und Vertrauen aufgebaut. Der Trainer erarbeitet die notwendigen Übungen und gibt sie an den Sportler weiter. Dieser vertraut seinem Coach, führt die Trainingsformen aus und entwickelt sich weiter.

In der Hypnose übernimmt der Hypnotiseur die Rolle des Trainers. Wir arbeiten an unserem Selbst. Hier werden die Anreize durch Suggestionen gesetzt. Die Sprache übernimmt den Teil der körperlichen Übungen bei dem Sportler.

Durch abgestimmte Formulierungen regen wir unser Denken zur Entwicklung an. In der Selbsthypnose übernehmen Sie selbst die Aufgabe des Trainers. Sie geben sich diese Reize selbst. Sie arbeiten mit „Auto"suggestionen.

Suggestion
Suggestion wird häufig definiert als negative Beeinflussung von unseren Mitmenschen. Ähnlich wie das Wort „manipulieren" ist „Suggestion" negativ besetzt.

Wir benutzen Suggestionen, um für uns selbst etwas Positives zu erreichen. Dafür sind sie gedacht. Und auch Coué (siehe „Geschichte, kurz und gut", S. 15) hat sie ausschließlich positiv eingesetzt.

Die Selbsthypnose geht über reine Gelassenheitsübungen hinaus. Die Muskulatur zu lockern ist selbstverständlich gut und wohltuend. Mit Selbsthypnose ist es darüber hinaus möglich an sich selbst, seinen Einstellungen und an seinem Körper zu arbeiten.

Bei der Selbsthypnose dient die Entspannung als Grundlage. In einem gelassenen Zustand kann unser Hirn leichter lernen und neue Informationen aufnehmen. Diese Tatsache machen wir uns in der Selbsthypnose zunutze. Wir arbeiten mit Autosuggestionen (siehe „Geschichte, kurz und gut", S. 15). Autosuggestionen im gelassenen Zustand zu benutzen bildet das Wesen der Selbsthypnose.

Im Kapitel „Die Sprache" (S. 48) haben wir uns mit der Wirkung von Worten und Sprachmustern beschäftigt. Das erworbene Wissen können wir bei Suggestionen an unser Unterbewusstsein anwenden. Wir achten auf die Wortwahl und die Formulierung. Wir beachten den Aufbau der Autosuggestion und den Zeitpunkt, um sie zu platzieren. Und durch die herbeigeführte Ruhe und Gelassenheit werden die Selbstbeeinflussungen noch effektiver.

Schauen wir uns an, wie man in der Selbsthypnose mit Autosuggestionen unsere inneren Kräfte freisetzen und benutzen kann.

Eindeutig

Suggestionen werden eindeutig formuliert. Unser Unterbewusstsein mag eine einfache Ausdrucksweise. Alternativen sind ihm ein Gräuel. Es möchte klare, eindeutige Anweisungen. Damit kann es etwas anfangen. Und wenn es diese Anweisungen für gut befindet, setzt es sie auch liebend gerne in die Tat um.

Die Suggestion soll für unser Unterbewusstsein klar, eindeutig und akzeptabel sein. Die Anweisung muss frei von Möglichkeiten des Missverstehens sein. Die Anregung offen auszudrücken, schafft dem Unterbewusstsein Raum auszuweichen. Es kann sich auf eine Alternative zurückziehen. Das kann die Wirksamkeit reduzieren oder zunichtemachen.

Überprüfen Sie Ihre gewählten Autosuggestionen auf mögliche Missverständnisse!

„Ich verstehe meine Mitmenschen besser!"

Dieser Satz lässt dem Unterbewusstsein sehr viel Spielraum. „Verstehen" hat im Deutschen zwei Bedeutungen. Ich kann jemanden akustisch verstehen und ich kann jemanden sachlich verstehen. Bei einer Hypnosesitzung sorgt der Hypnotiseur im Vorgespräch dafür, dass klar ist, worum es dem Klienten geht.

In der Selbsthypnose sind wir auf uns selbst gestellt. Machen Sie sich ausführlich Gedanken, worauf es Ihnen ankommt (siehe auch „„Das Thema", S. 89). Je genauer Sie Ihr Vorgespräch mit sich selbst führen, umso wirkungsvoller werden die Autosuggestionen.

In unserem Beispielsatz kommt noch das Wörtchen „besser" vor. Hier wird der Vergleich weggelassen. Besser als was? Dieser sprachliche Kniff wird von fortgeschrittenen Hypnotiseuren benutzt, um den Klienten in die Trance zu begleiten. Der Klient stellt sich diese Frage, während der Hypnotiseur mit ihm redet. Dadurch ist seine Wahrnehmung beschäftigt. Seine Aufmerksamkeit ist noch immer bei der Sprache des Coachs. Das Bewusstsein gleitet in die

Trance ab. Milton Erickson hat mit diesen Sprachmustern sehr erfolgreich gearbeitet (siehe „Geschichte, kurz und gut", S. 15).

In der Selbsthypnose möchten wir die Suggestionen selbst absetzen. Gelangen wir zu diesem frühen Zeitpunkt schon in eine tiefe Trance, wird es womöglich schwer die Anregungen für unser Unterbewusstsein zu formulieren. Wir sind so gelassen, dass uns die Autosuggestion gleichgültig ist. Ein wohltuender Zustand. Um an sich zu arbeiten ist er ungeeignet.

„Ich verstehe meine Mitmenschen sachlich und akustisch, in jeder Beziehung!"

Mit dieser Formulierung wird es schwer eine Alternative zu finden. Für das Unterbewusstsein ist alles eindeutig geklärt. Formulieren Sie Ihre Autosuggestionen so, dass sie für Sie selbst vollständig und absolut verständlich sind. Vermeiden Sie jeden Spielraum.

Sollten Sie an Ihrer Formulierung zweifeln, schreiben Sie sie auf. Beim Schreiben und anschließenden Lesen verarbeitet unser Gehirn die Information anders als beim Denken oder Hören (22). Es wird dadurch leichter zu „fühlen", ob der Text „passt". Und auch hier gilt wieder, spielen Sie mit der Formulierung, probieren Sie aus. Sie möchten sich mit der Suggestion wohl fühlen. Tun Sie es!

Vorstellbar und realistisch

Ein weiterer Punkt bei der Arbeit mit Autosuggestionen ist, sie muss vorstellbar sein.

„Ich bin wieder 20!"

Diese Ausdrucksweise sollten Sie nur wählen, wenn Sie tatsächlich 20 sind. In allen anderen Fällen dürfte die Anweisung schwer vorstellbar und vor allem schwer durchführbar sein. Unser Unterbewusstsein mag einfache Formulierungen und ist alles andere als dumm. Es ist durchaus in der Lage Unsinn von Sinn zu unterscheiden. In unserem Beispiel ist eine vorstellbare, realistische Formulierung wirkungsvoller.

„Ich fühle mich jung und kraftvoll!"

Das ist vorstellbar und kann vom Unterbewusstsein auch ausgeführt werden. Es weiß, wie es sich anfühlt jung und kraftvoll zu sein. Es kann sich erinnern. Auf diese gespeicherten Gefühle kann es zurückgreifen. Es kann dadurch auch die Erinnerung auf Möglichkeiten prüfen, wie diese Suggestion in die Tat umzusetzen ist. Es findet schneller Lösungen (Haben Sie es bemerkt? Auch hier fehlt der Vergleich. Schneller als was? Hier wird mit tranceerzeugenden Sprachmustern gearbeitet. Clever, was!?)

Beim Formulieren Ihrer Autosuggestionen stellen Sie sich immer wieder vor, wie das im Ergebnis aussehen soll. Sollte Ihnen diese Vorstellung schwerfallen, arbeiten Sie an der Ausdrucksweise, bis sie klar fassbar ist. Es ist unerheblich, ob Sie dafür ein Bild entwickeln. Es ist möglich, dass Sie beim Ausprobieren ein Gefühl erzeugen. Das ist ebenso hilfreich wie ein Bild. Egal ob die Autosuggestion ein Bild oder ein Gefühl in Ihnen hervorruft, beides zeigt, dass eine Zuordnung stattgefunden hat. Ihr Unterbewusstsein hat etwas Passendes gefunden. Es kann sich die Anregung vorstellen, dann kann es damit arbeiten.

Positiv

Autosuggestionen werden positiv formuliert. Das bedeutet, Wörter wie „nicht", „kein", „ohne" sind tabu. Formulieren Sie, was Sie möchten. Wenn Sie etwas „nicht" möchten, brauchen Sie es auch „nicht" zu formulieren (siehe auch „Angenehm", S. 57).

„Ich möchte keine Prüfungsangst haben!"

Mit dieser Formulierung wird die Aufmerksamkeit auf die Prüfungsangst gelenkt. Und Angst ist ein sehr starkes, überlebenswichtiges Gefühl. Die Aufmerksamkeit wird die Umgebung nach allem abscannen, was zu Angst führen könnte. Angsterzeugende Signale gelangen leichter in unsere Wahrnehmung.

Eine Lösung für unser Unterbewusstsein könnte sein, die angsterzeugenden Signale abzustellen. Es könnte den Entschluss fassen, die Prüfung zu meiden. Um diese Entscheidung durchzusetzen, könnte es nun noch mehr unangenehme Gefühle erzeugen. In der Folge sind wir bis zur Prüfung völlig geschafft. Möglicherweise bleiben Sie am entscheidenden Tag zuhause, weil sie „krank" sind (zumindest fühlen Sie sich so).

„Ich freue mich darauf, dem Komitee mein Wissen präzise und souverän zu präsentieren!"

Jetzt weiß das Unterbewusstsein auch worauf es sich freuen darf! Und **das** macht es sehr, sehr gerne. Positive Dinge mag es.

Fragen

Geben Sie einem Freund ungefragt Ratschläge?

Wohl kaum. Sie warten in der Regel, bis er Sie nach Ihrem Rat fragt. Wenn Sie das Problem bei ihm erkannt haben und er keinerlei Anstalten macht Sie zu fragen, lenken Sie ihn möglicherweise im Gespräch in die gewünschte Richtung. Dasselbe können wir in der Selbsthypnose für unsere Autosuggestionen nutzen. Sie lenken Ihre Aufmerksamkeit in die gewünschte Richtung und stellen zusätzlich eine Frage.

Wir haben in diesem Kapitel das Beispiel Prüfung benutzt. Schauen wir uns auch hier an, wie Sie Ihre Autosuggestion für diese Prüfungssituation mit einer Frage noch wirkungsvoller gestalten können. Die Prüfung findet in ein bis zwei Wochen statt und Sie versetzen sich in Selbsthypnose (Haben Sie die Aufmerksamkeitslenkung bemerkt? Das Thema „Prüfung" ist im Mittelpunkt).

In der Selbsthypnose können Sie wie folgt formulieren:

„Was kann ich tun, um während der Prüfung mein Wissen abrufbereit zu haben?"

(Das war die Frage. Und die wimmelt von Vorannahmen, Verallgemeinerungen und anderen Sprachmustern. Sehr wirkungsvoll).

„Ich freue mich darauf, dem Komitee mein Wissen präzise und souverän zu präsentieren!"

(Das war die Antwort. Die stammt aus dem vorherigen Abschnitt „Positiv", S. 77. Diese Autosuggestion wird durch die vorangestellte Frage noch wirkungsvoller).

Durch die Frage wird das Interesse unseres Unterbewusstseins größer eine Anregung zu bekommen. Ihr Freund vom Anfang des Abschnitts ist eher an einer Antwort interessiert, wenn er eine Frage gestellt hat. So gehen wir auch mit unserem Unterbewusstsein um. Reden Sie mit ihm, wie mit einem guten Freund. Es ist ein **sehr** guter Freund.

Fragen bei den Autosuggestionen können auch dabei helfen, sie an unserem Kritikbewusstsein vorbei zu schleusen. Es ist möglich, dass Ihr Bewusstsein mit einer Formulierung wie, „Ich fühle mich jung und kraftvoll!" ein Problem hat. Ihnen kommt in den Sinn: „Eben nicht!" Das hemmt die Entwicklung. In diesem Fall kann eine Frage helfen.

„Was kann ich tun um mich besser zu fühlen?"

Und direkt im Anschluss geben Sie die Autosuggestion.

„Ich fühle mich jung und kraftvoll!"

Das ist für unser Kritikbewusstsein akzeptabel. Ich *fühle* mich jung. Das ist in jedem Fall möglich. So fühlen kann ich mich. Es muss deshalb noch nicht so sein.

Das Bewusstsein nimmt die Antwort an. Und durch die Selbsthypnose ist sie schon auf dem Weg ins Unterbewusstsein. Dort kommt nur noch die Antwort an. Perfekt! Dort wollten wir sie haben. Fragen weichen die Autosuggestionen auf. Sie passieren als Antwort leichter unsere Vernunft.

Vertiefung

Schwere

Bei dieser Vertiefungstechnik suggerieren Sie sich die Schwere eines Körperteils. Bevorzugt wird hierfür ein Arm benutzt. Schwere wird meist mit einer „Ent"-spannung verbunden. Der Arm wird alleine dadurch schwerer, dass wir die Muskulatur lösen. Dadurch sinkt er natürlich „schwerer" auf die entsprechende Unterlage.

Sagen Sie sich in Ihrem gelassenen Zustand mehrfach im Geiste:

„Mein Arm wird schwer und schwerer, angenehm schwer."

Wenn Sie möchten können Sie einen Arm aussuchen. Sie können es allerdings auch getrost Ihrem Unterbewusstsein überlassen. Es wird sich von selbst ein Arm finden, der schwer wird. Und wieder sind wir eine Sorge los.

Diese Vorgehensweise schafft auch Vertrauen in die Wirkung Ihres Tuns.

Körperreise

Die Körperreise ist eine weitere Möglichkeit zu vertiefen.

Gehen Sie in Gedanken Ihren Körper durch und begleiten Sie jede Station mit einer Aussage dazu.

„Mein Kopf ist locker und gelöst. Mein Gesicht ist locker und gelöst. Mein Hals ist locker und gelöst. Meine Schulter...“

Sie können am Kopf beginnen und gehen immer weiter nach unten, bis zu den Füßen. Sie können auch umgekehrt vorgehen oder völlig ungeordnet. Wie immer liegt es an Ihnen selbst.

Es ist Ihre Selbsthypnose. Gestalten Sie sie nach Ihrem Wohlgefühl.

Armabsenken

Beim Vertiefen durch Armabsenken geht es darum eine völlig natürliche Reaktion des Körpers zu benutzen. Wenn wir einen Arm anheben, hat er die natürliche Tendenz zu ermüden und er senkt sich wieder. Der Schwerkraft sei Dank!

Wir bauen dieses natürliche Verhalten in unsere Vertiefungsphase ein und erreichen, dass unser Unterbewusstsein immer weiter nach vorne tritt.

Nach Ihrer Einleitung heben Sie den Arm etwas an und fühlen ihn. Machen Sie sich den Oberarm, den Unterarm, die Hand, alle Finger bewusst. Fühlen Sie Ihren Arm.

Jetzt begleiten Sie dieses Vorgehen mit einer Autosuggestion.

„Der Arm wird schwer und müde. Der Arm senkt sich langsam, ganz langsam, tiefer und tiefer. Der Arm sinkt tiefer und tiefer und ich sinke tiefer und tiefer. Der Arm geht tiefer, ich gehe tiefer und tiefer in diesen angenehmen Zustand der Ruhe und Gelassenheit!“

Armlevitation

Die Armlevitation wird in der Hypnose oft zur Vertiefung und zum gleichzeitigen Tiefentest benutzt.

Hierbei wird genau umgekehrt vorgegangen, wie wir es in der Selbsthypnose tun. Das bedeutet, der Hypnotiseur suggeriert ein Gefühl der Leichtigkeit für die Finger, die Hand und dann den kompletten Arm.

Diese Suggestion wird oft durch das Bild von gasgefüllten Ballons begleitet, die den Arm spielerisch nach oben heben.

Beginnt sich der Arm zu heben, ist das ein guter Hinweis auf hohe Suggestibilität und eine zunehmende Tiefe der Trance.

Posthypnotische Suggestion in der Selbsthypnose

Nach diesem erneuten Vertiefen ist ein geeigneter Zeitpunkt, um Ihre Kräfte für die Zeit nach der Hypnose zu mobilisieren. Sie können an dieser Stelle mit posthypnotischen Suggestionen arbeiten. Posthypnotische Suggestionen werden vom Unterbewusstsein umso leichter angenommen und umgesetzt, je tiefer die Trance ist. Daher benutzen wir sie nach einer weiteren Vertiefung. Ihre Autosuggestionen haben Sie bereits abgesetzt.

Sollte es Ihnen durch die Vertiefung schwer werden, posthypnotische Suggestionen für Ihr Unterbewusstsein zu formulieren, ist das in Ordnung. Die Autosuggestionen wirken ohnehin. Die Anweisungen für die Zeit nach der Hypnose sind ein weiteres Mittel, um die Wirkung zu steigern. Wichtig ist gelassen und offen zu agieren.

Sollten Sie in eine sehr tiefe Trance gelangen, sind Ihnen die posthypnotischen Suggestionen möglicherweise gleichgültig. Prima! Genießen Sie es. Wichtig sind Sie. Wichtig ist, dass Sie sich wohl fühlen. Die posthypnotischen Suggestionen sind eine zusätzliche Option.

Sollte Ihnen der Ausdruck „posthypnotische Suggestion" zu hart, zu direktiv erscheinen, lassen Sie ihn weg. Posthypnotische Suggestionen sind, im Grunde genommen, dasselbe, wie Ihre

Autosuggestionen. Sie haben lediglich eine andere Wirkungsweise. Autosuggestionen sind am „Jetzt" orientiert. Sie sind bewusster. Bei Suggestionen ist die Idee, den Wahrheitseffekt auszunutzen. Es wird etwas so oft wiederholt, bis wir es selbst glauben. **Posthypnotische** Suggestionen nutzen den Effekt, dass unser Hirn im Hintergrund lernt. Ihre posthypnotischen Suggestionen werden im Unterbewusstsein platziert und wirken dort nach. Sie dienen als Erinnerungshilfe.

Wenn Sie Ihre posthypnotischen Suggestionen formulieren, können Sie dieselben Punkte beachten, wie bei den Autosuggestionen. Sie sollten lediglich in die Zukunft gerichtet sein. Weisen Sie Ihr Unterbewusstsein darauf hin, dass es um die Zeit **nach** der Hypnose geht.

„Auch nach meiner Trance, auch während ich voll und ganz wach bin, bin ich voller Gelassenheit und freue mich den Menschen im Prüfungskomitee mein Wissen zu präsentieren. Immer wenn ich an diese Situation denke, erfüllt mich tiefe Ruhe und ich kann spielerisch leicht auf mein Wissen zugreifen."

Ausleitung

Vorbereiten

Die Ausleitung der Selbsthypnose erfolgt langsam. Gönnen Sie sich etwas Zeit zurückzukommen. Der Zustand der Ruhe und Gelassenheit ist sehr wohltuend, wer möchte da schon schnell herausgerissen werden. Bereiten Sie das Aufwachen vor und stellen Sie sich darauf ein.

Wenn Sie zur Einleitung ein angenehmes Schweregefühl benutzt haben, nehmen Sie es bei der Ausleitung wieder zurück. Suggerieren Sie sich Leichtigkeit und Lockerheit. Nehmen Sie Ihre einführenden Suggestionen wieder zurück und heben Sie sie auf.

Das Aufwachen leiten Sie ein, indem Sie sich mehrfach sagen, dass Sie bis fünf zählen werden und bei der Zahl fünf aufwachen und voll und ganz wach sind.

Achten Sie darauf Tatsachen zu schaffen. Eine Anweisung wie, „Ich werde aufwachen" ist ein Vorschlag für das Unterbewusstsein. Das

Wörtchen „werde" beschreibt einen Vorgang. Und ein Vorgang kann ziemlich lange dauern. Besonders wenn einem der jetzige Zustand gut gefällt.

„Ich zähle bis fünf und werde mit jeder Zahl wacher und frischer. Mit jeder Zahl wird mein Körper leichter und lockerer. Mein Kopf wird frei und klar. Mit jeder Zahl mehr und mehr. Bei Fünf öffne ich die Augen und bin voll und ganz wach und frisch, leicht und locker, frei und klar."

Sagen Sie sich diesen oder Ihren angepassten Text mehrfach vor. Jetzt beginnt das Aufwachen.

Aufwachen

Beginnen Sie jetzt mit dem Zählen. Zählen Sie langsam. Nehmen Sie sich Zeit und Sie fühlen sich beim Aufwachen wohl, ruhig und gelassen.

„Eins! Mein Körper ist leicht, frei und beweglich. Mein Kopf ist frei und klar."

Warten Sie ein paar Sekunden.

„Zwei! Mit jeder Zahl freier und klarer, leicht, frei und beweglich."

Warten Sie ein paar Sekunden.

„Drei! Mein Körper ist leicht, frei und beweglich. Mein Kopf ist frei und klar."

Warten Sie ein paar Sekunden.

„Vier! Frei und klar, leicht frei und beweglich."

Warten Sie ein paar Sekunden.

„Fünf! Aufwachen!"

Nehmen Sie sich noch ein oder zwei Minuten und genießen Sie, was Sie aus der Selbsthypnose mitgenommen haben.

Und freuen Sie sich auf das nächste Mal.

Viel Spaß mit Ihrem erworbenen Wissen.

Zusammenfassung

Der Ablauf Ihrer Selbsthypnose orientiert sich am Ablauf einer Hypnosesitzung. Sie übernehmen die Rolle des Hypnotiseurs und des Klienten.

Auch in der Selbsthypnose ist das Vorgespräch wichtig. Sie machen sich intensiv Gedanken über das gewünschte Verhalten und achten darauf, wie Sie formulieren. Anschließend bringen Sie sich mit Ihrer Lieblings-Einführungstechnik in eine leichte Trance und setzen Ihre Autosuggestionen ab. Sie benutzen die Ausdrucksweise aus Ihrem Vorgespräch. Die Suggestionen sind:

- Eindeutig
- Vorstellbar
- Positiv

Die Trance wird vertieft. Dazu können die Praktiken aus dem Kapitel „Ausbau der Gelassenheit“ (S. 62) benutzt werden. Darüber hinaus haben Sie die Möglichkeit eine der folgenden Techniken zu verwenden:

- Schwere
- Körperreise
- Armabsenken

Die darauffolgende Phase kann für posthypnotische Suggestion genutzt werden. Diese Suggestionen sind günstigerweise in die Zukunft gerichtet und arbeiten als Erinnerungshilfe für das Unterbewusstsein.

Wenn Sie Ihre Trance ausreichend genossen haben leiten Sie sie aus. Sie achten darauf, die Suggestionen zur Induktion wieder zurückzunehmen. Suggestionen die nachwirken sollen und Ihre posthypnotischen Suggestionen erhalten Sie aufrecht.

SELBSTHYPNOSE BEI SCHLAFPROBLEMEN – ERFAHRUNGSBERICHT

Ich kam im Februar 2016 zu M.W. „Selbsthypnose" Seminar. Eines meiner Probleme war, ich konnte A.) nicht einschlafen und B.) wenn ich dann doch mal einschlief wurde ich min. 5x wach, so dass, wenn ich zu Schlaf kam, maximal 2-3 Stunden Schlaf fand, und diese waren nicht mal an einem Stück.

Das Problem war, immer, wenn ich mich zum Schlafen hinlegte bekam ich „kochend" heiße Füße. Nicht warme, heiße meine ich. Die Füße waren auch heiß, nicht nur von mir empfunden, sondern wenn meine Partnerin die Füße anfasste bemerkte sie auch sofort, dass ich heiße Füße hatte. Durch dieses Problem bewegten sich meine Füße die ganze Nacht schnell hin und her, der dadurch kühlende Wind zwischen meinen Zehen fühlte sich gut an, schlafen war so aber ein Problem. Ich kannte dieses Problem seit meiner Kindheit, jedoch nie über einen Zeitraum von 2.5-3 Jahren.

Ich beschäftigte mich sehr intensiv mit dem Problem, las viel über das „burning-feet-Syndrom" und vieles weitere. Ging zu mehreren Ärzten, ließ mir die Nerven durchmessen, die waren es aber nicht. Medikamente wollte ich nicht nehmen und alle 2-3 Wochen mich mit Alkohol zu betäuben war auch keine Lösung für mich.

Es ging dann soweit, dass ich, natürlich getrennt von meiner Partnerin, auf der Couch mit Kühlgel und einem Ventilator vor meinen Füßen zu etwas Schlaf fand.

Das erste was sich auf Matthias Seminar wieder bei mir einprägte war, ich solle mich auf die Lösung und nicht auf das Problem konzentrieren. Nach dem Motto, die Energie folgt der Konzentration. Des Weiteren war für mich ein Schlüsselmoment, als er mir sagte: „Dein Körper weiß ja wie er schläft, Du musst nur aufhören ihn davon abzuhalten".

Hierdurch wurde mir klar welche Suggestion ich zu wählen hatte und ihre Formulierung.

Als wir im Seminar zur Hypnose kamen ließ ich mich völlig darauf ein und spürte, wie ich mich tiefer und tiefer entspannte. Matthias ist für mich eine Vertrauensperson die sehr stark wirken kann.

Nachdem ich aus der Hypnose zurück kam spürte ich weiterhin diese Entspannung, diese Leichtigkeit und das Beibehalten des sauberen, tiefen Durchatmens. Für mich war das Seminar ein Wachrütteln und ein wahrer Erfolg.

Ich mache die Entspannungsübungen und die Selbsthypnose nun jeden Tag.

Seit dem Seminar, direkt in der ersten Nacht, schlafe ich wie ein Baby. (23)

UND WIE GEHT ES WEITER

Darum geht es

Bis hierher haben Sie sich ausführlich mit Ihrer Gelassenheit beschäftigt. Sie gelangen in Selbsthypnose, arbeiten mit Autosuggestionen und vertiefen die Trance, um danach posthypnotische Suggestionen anzubringen.

Sehr gut!

Das Buch hat Sie ohne Frage neugierig gemacht und Sie möchten weiterarbeiten.

Sehr gut!

In diesem Kapitel gibt es einige weiterführende Tipps und Werkzeuge. Wir werden uns damit beschäftigen, wie Sie noch enger an Ihrem Thema bleiben können und den roten Faden beibehalten. Sie werden einiges über das „Ankern" erfahren, um Ihre Induktion noch gelassener einzusetzen. Und zum Abschluss bekommen Sie noch einige Beispielsuggestionen an die Hand.

Sehr gut!

(...dreimal... erinnern Sie sich?)

Und als Liste...

Und wie geht es weiter?
Wie bleiben Sie beim Thema?
Das Ankern von Techniken wird behandelt.
Einige Beispiele für Suggestionen.

Weiterführung

Sie haben bis hierhin schon viel über Selbsthypnose, Trance und die Arbeit mit Autosuggestionen erfahren. Sie haben mit Entspannungstechniken gespielt und Erfahrungen gesammelt. Und Sie haben einige Selbsthypnose-Durchläufe gemacht.

In diesem Kapitel wollen wir uns mit einigen weiterführenden Fragen beschäftigen. Die Erfahrungen, die Sie bis hierher gesammelt haben, können möglicherweise mit den nachfolgenden Themen zu noch effektiveren Selbsthypnosesitzungen führen.

Das Thema

Hypnose ist für viele Menschen ein Buch mit sieben Siegeln. Selbsthypnose übertrifft diese Ansicht meist noch. Da der Begriff Hypnose (altgriechisch: hypnos – Schlaf) leider oft genug wörtlich genommen wird, ist „Selbst"hypnose für Viele unvorstellbar.

Im Laufe dieses Buchs konnten wir einige Vorurteile über Selbsthypnose aus dem Weg räumen und einige Meinungen zurechtrücken. Im Abschnitt „Autosuggestion" (S. 73) haben wir gesehen, dass schon geringe Trancetiefen ausreichen, um an sich zu arbeiten. Autosuggestionen benutzen wir in unserer Selbsthypnose zu einem frühen Zeitpunkt. Die Vertiefung der Trance folgt auf die Autosuggestionen. Das bedeutet, unser Bewusstsein arbeitet in diesem Stadium fast noch normal.

Für einige Menschen geht der Übergang von diesem Stadium zur Vertiefung recht schnell. Sie entspannen sich so schnell und so erfolgreich, dass es ihnen schlicht egal ist, was sie sich als Thema für ihre Suggestionen vorgenommen hatten. Möglicherweise schlafen sie sogar ein. Und das ist in Ordnung. In jedem Fall tun Sie sich damit etwas Gutes. Sie sammeln Kraft. Die Arbeit mit Autosuggestionen ist im Schlaf allerdings etwas schwer zu bewerkstelligen. Schauen wir uns im Folgenden an, was Sie tun können, um dem „roten Faden" Ihrer Selbsthypnose folgen zu können.

Der rote Faden

In diesem Buch war das Vorgespräch mehrfach Thema. Es ist der wichtigste Teil der Sitzung. Schauen wir uns diese Phase der Sitzung noch etwas genauer an. Bei einer Hypnosesitzung wird im Vorgespräch das Thema erarbeitet. Der Klient beschäftigt sich gründlich mit seinen Inhalten. Die gezielten Fragen des Coaches unterstützen ihn. Er wird immer wieder zu seinem Thema geführt und kann immer tiefer eindringen. Hier wird der Klient vom Hypnotiseur mit Fragen unterstützt seine Schwerpunkte zu finden.

Das Vorgespräch erfüllt noch einen weiteren Zweck. Durch das intensive Gespräch findet der Coach die Worte und Ausdrucksweise heraus, die dem Klienten beim Tranceaufbau behilflich sein könnten.

Bei der Selbsthypnose werden nun sowohl das Hauptthema, als auch die notwendigen Formulierungen durch den Klienten selbst bestimmt.

Bevor Sie mit Ihrer Selbsthypnose starten, beschäftigen Sie sich mit Ihrem Wunschthema. Denken Sie darüber nach. Sprechen Sie mit sich selbst. Und tun Sie das laut. Tun Sie es zumindest so laut, dass Sie sich selbst hören. Gehörtes wird in unserem Hirn auf einem anderen Weg verarbeitet als Gedachtes.

Das laute Sprechen bremst unser Gehirn etwas ab. Manche Menschen gleiten beim bloßen Nachdenken ins Grübeln ab und das kann schnell im Chaos enden. Wenn Sie sich mit einem Freund unterhalten, werden Sie kaum ins Grübeln kommen. Sie unterhalten sich. Ins Grübeln kommen wir, wenn wir alleine mit uns sind und uns den grenzenlosen Assoziationen unseres Gehirns ausliefern. Da Assoziationen immer in der jeweiligen Nähe des Gedachten gesucht werden, kommen wir bei negativen Gedanken auch immer nur auf negative Ideen und damit auf noch mehr negative Gedanken.

Das nennt sich Grübeln. Im Kapitel „Die Sprache" (S. 48) haben wir Worte zur Aufmerksamkeitslenkung benutzt. Das tun wir auch, wenn wir unser Vorgespräch als Selbstgespräch führen. Sie umgehen die Grübelei. Und Sie machen die Arbeit mit Ihren Autosuggestionen effektiver.

Es kann auch hilfreich sein die Gedanken aufzuschreiben. Wir schreiben viel langsamer, als wir denken. Das Schreiben hält auf und bremst die Gedanken ab. Wir haben hier denselben Effekt, wie beim

Selbstgespräch. Schreiben bremst das Gehirn noch mehr ab. Die Gefahr ins Grübeln abzudriften wird dadurch minimiert.

Das ist der Grund, weshalb unsere Schriftsprache oft erheblich von der gesprochenen Sprache abweicht. Wir bleiben beim Schreiben enger am Thema. Die Assoziationen werden gelenkt.

Sehr wirkungsvoll ist es daher, wenn Sie laut mit sich reden und die Gedanken zumindest stichwortartig festhalten. Dadurch fällt es Ihnen leichter die Formulierungen und Worte zu finden, die für Sie das gewünschte Thema repräsentieren. Aus diesen Worten bilden Sie Ihre Autosuggestionen.

Die eigentliche Selbsthypnose.

Sie haben sich nun sehr intensiv mit Ihrem Thema auseinandergesetzt. Sie haben Ihre Gedanken verfolgt, sie ausgesprochen, gehört und möglicherweise auch niedergeschrieben.

Nun starten Sie mit Ihrer einleitenden Entspannungsübung. Sie bringen sich mit Ihrer Lieblingstechnik in einen angenehmen, gelassenen Zustand. Denken Sie währenddessen immer wieder an Ihre zuvor formulierten Autosuggestionen. Sie können Sie aussprechen oder wortwörtlich im Geiste formulieren. Denken Sie daran, fortwährend daran zu denken.

Durch dieses Vorgehen nutzen wir einen natürlichen Effekt, den wir alle vom Schlafen her kennen. Unser Hirn beschäftigt sich im Schlaf hauptsächlich mit dem, was es zuletzt beschäftigt hat (siehe auch „Das Vorgespräch“, S. 21). Deshalb ist es auch eine hervorragende Idee den tollen Horrorfilm direkt vor dem Zubettgehen anzuschauen – zumindest, wenn Sie gerne Albträume haben.

Sie könnten diesen Effekt natürlich auch positiv nutzen und die Vokabeln, die Rede oder die vorbereitete Präsentation vor dem Einschlafen durchlesen. Ihr Gehirn wird sich beim Schlafen hauptsächlich damit beschäftigen. Lernen vor dem Schlafen ist erstaunlich effektiv.

Durch Ihr Selbstgespräch und das Aufschreiben Ihrer Formulierungen haben Sie sich sehr intensiv mit Ihrem Thema auseinandergesetzt. Sie gleiten jetzt langsam und angenehm in Ihren Zustand der Ruhe und Gelassenheit und ganz automatisch wird sich

Ihr Unterbewusstsein mit dem beschäftigen, was Sie zuletzt getan haben. Sie haben sich mit Ihrem Thema beschäftigt.

Sie sind bei Ihrer Selbsthypnose voll und ganz bei Ihren Wunschinhalten. Das ist die logische Folge von dem, was Sie mit Ihrem „Vorgespräch" vorbereitet haben.

Ankern

Im Infokasten des Abschnitts „Jetzt geht es tiefer" (S. 63) haben wir uns schon kurz mit dem Ankereffekt beschäftigt. Wir können diesen Effekt nutzen, um noch spielerischer in die Selbsthypnose zu gelangen. Auch beim Einsatz unserer Autosuggestionen ist das Ankern hilfreich.

Worum geht es?

Beim Ankern verbinden wir eine uns bekannte Handlung, eine Geste oder auch ein vertrautes Wort, um eine gewünschte Reaktion auszulösen. Wir alle kennen solche Abläufe. Sie hören ein bestimmtes Lied im Radio, riechen ein spezielles Parfüm beim Einkaufsbummel oder sehen eine kleine Geste bei einem Mitmenschen und urplötzlich sind Sie gefühlsmäßig in einer völlig anderen Verfassung.

Das Lied erweckt die Stimmung während eines tollen Konzerts zum Leben, das Parfüm versetzt Sie in Genießerlaune, denn es hängt mit einem leckeren Abendessen zusammen. Die Geste stimmt Sie fröhlich. Einer Ihrer Lehrer benutzte sie gerne und er hat Sie oft zum Lachen gebracht. Diesen Situationen ist gemeinsam, dass der Auslöser der Gefühle losgelöst vom Ereignis ist. Das Konzert löst die Gefühle aus. Die Erinnerung an das Konzert ist für die tolle Stimmung verantwortlich. Das Lied löst die Erinnerung daran aus. Es ist mit dem Konzert und dadurch mit den Gefühlen verankert.

So ist es auch bei dem Parfüm. Die Erinnerung an das Abendessen und die angenehme Unterhaltung versetzt Sie in gute Stimmung. Der Geruch des Duftwassers löst die Aktivierung der Gefühle aus. Das Parfüm ist der Schalter für die Erinnerung. Diese Abläufe machen wir uns beim Ankern zu nutze. Wir bauen einen Schalter ein, um einen gewünschten Prozess auszulösen.

In den obigen Beispielen haben wir gesehen, dass der Anker **nach** der Emotion ins Spiel kam. Die ausgelassene Stimmung wurde durch das Konzert hervorgerufen. Das Lieblingslied lief erst viel später am Abend. Auch bei dem netten Lehrer brachten Sie die Witzchen zum Lachen. Im Nachhinein wurden sie mit der Geste in Verbindung gebracht. Nach der Zweifaktorentheorie der Emotion wird häufig eine Emotion mit einer völlig unabhängigen Situation zusammengebracht (24). Der Anker spielt ursprünglich keine Rolle für das Gefühl.

Wie bauen Sie diesen Anker bewusst auf?

Schauen wir uns den Ankereffekt am Beispiel Ihrer Selbsthypnose-Induktion an. Nach demselben Schema können Sie ebenfalls Ihre Autosuggestionen verankern oder Ihre Selbstheilungskräfte aktivieren.

Beginnen Sie mit Ihrer bevorzugten Entspannungstechnik. Sie werden gelassener und ruhiger. Während dies geschieht, berühren Sie sich beispielsweise mit der Handfläche am Unterarm des anderen Arms. Die Berührung sollte so lange dauern, dass Sie die Wärme der Hand spüren. Zu dieser Berührung formulieren Sie: „Während dies geschieht, lerne ich es geschehen zu lassen, wann immer es gut und richtig für mich ist." Mit dieser Suggestion macht sich Ihr Unterbewusstsein auf die Suche nach „dies". Die Hand am Unterarm wird das Einzige sein, was auffällt.

Die Wahrscheinlichkeit ist sehr groß, dass die Berührung mit dem „dies" (die Ruhe und Gelassenheit) in Verbindung gebracht wird. Wenn Sie diesen Vorgang einige Male wiederholen, haben Sie einen Anker geschaffen. Zukünftig wird alleine die Berührung am Unterarm zu Gelassenheit führen. Sicher!

Auf diese Art können Sie gute Gefühle ankern, gewünschtes Verhalten fördern und Ängste abbauen. Experimentieren Sie damit!

Beispiele

Im Abschnitt „Autosuggestion" (S. 73) haben wir uns damit beschäftigt, wie Sie Ihre Autosuggestionen aufbauen können und worauf dabei zu achten ist. Hier folgen einige Beispiele. Sie dienen

Ihnen als Anhaltspunkte. Schauen Sie sich die Texte an. Verändern Sie sie. Passen Sie die Texte an Ihre Bedürfnisse an. Spielen Sie damit, bis sie für Sie und genau für Sie passen. Sprechen Sie den Text nach und Sie spüren, ob Sie sich damit gut fühlen.

Wohlfühlen

„Ich fühle mich frei und klar."

„Ich bin gesund."

„Ich bin gelassen und ruhig."

„Jeder Atemzug gibt mir neue Energie."

„Es geht mir mit jedem Tag in jeder Hinsicht besser und besser."

Lernen

„Ich lerne spielerisch leicht."

„Ich kann mein Wissen jederzeit abrufen."

„Mein Wissen erweitert sich jeden Tag mehr und mehr."

„Beim Lernen verknüpft sich Vorhandenes mit Neuem."

„Mein Kopf ist frei und klar."

Persönlichkeit

„Ich lasse den Erfolg zu."

„Ich fühle mich kraftvoll und voller Energie.

„Ich genieße meine Leistung."

„Es ist gut für mich, Erfolg zu haben"

„Ich bin in jedem Moment im Hier und Jetzt."

Verhalten

„Ich vertraue mir und meinen Entscheidungen."

„Ich suche mir aus, was ich möchte."

„Ich handle, wann immer es gut und richtig für mich ist."

„Ich bin dafür verantwortlich, dass es mir gut geht."

„Ich bin bereit mich zu verändern, wann immer es gut und richtig für mich ist."

Kommunikation

„Ich bin den Menschen gegenüber offen und aufgeschlossen."

„Ich bin nützlich und hilfreich für Andere und Andere sind nützlich und hilfreich für mich."

„Ich genieße es im Gespräch von Anderen zu lernen."

„Ich genieße es zuzuhören."

„Es fällt mir spielerisch leicht mit Menschen ins Gespräch zu kommen."

Der Umgang mit einem Skript

Die Beispiele für Autosuggestionen dienen als Anhaltspunkt. Es kommt in der Selbsthypnose auf die Wortwahl an und diese ist persönlich. Entwickeln Sie Ihre eigenen Suggestionen. Achten Sie auf Ihre Worte. Beobachten Sie, welche Worte Sie wählen, um Probleme auszudrücken. Welche Worte benutzen Sie, um Gefühle zu äußern? Wie formulieren Sie eine Bitte?

Finden Sie Ihre persönlichen Worte. Wir haben im Abschnitt „Das Vorgespräch" (S. 21) gesehen, dass auch in der Hypnose die Worte eine große Rolle spielen. Der Hypnotiseur findet im Vorgespräch Formulierungen, die vom Klienten verstanden und angenommen werden. Er benutzt dabei die Worte des Klienten.

In diesem Buch habe ich bewusst auf ein vollständiges Skript verzichtet. Es soll zum Spielen angeregt werden, zum Ausprobieren.

Machen Sie sich Ihr eigenes Skript. Gehen Sie dabei genauso vor, wie beim Formulieren Ihrer Autosuggestionen. Suchen Sie nach Ihren Ausdrücken, Ihren Worten. Entwickeln Sie Ihre eigenen Bilder und bauen sich daraus Ihr persönliches Selbsthypnose-Skript.

Und auch hier gilt Ihr Gefühl als Maßstab. Sollten Sie jetzt zu dem Schluss gelangen:

„Das ist ja alles gut und schön aber ich will ein fremdes Skript benutzen!"

Sehr gut. Tun Sie es!

Falls Sie glauben ein vorgefertigtes Skript passt zu Ihnen und es sagt Ihnen zu, benutzen Sie es. Alles, was Sie in der Selbsthypnose voran bringt ist gut.

Sie können ein Skript eins zu eins anwenden oder es als Anregung benutzen. Meine Seminarteilnehmer und Klienten fragen mich häufig nach einem vorgefertigten Skript zu einem bestimmten Problem. Und natürlich stelle ich solche Texte auch zur Verfügung. Zusätzlich weise ich immer darauf hin, das Material als Vorlage zu sehen. Beim Arbeiten mit einem vorgefertigten Skript dürfen und sollen sich eigene Bilder und Gedanken entwickeln.

Ein Skript ist kein Dogma, es ist eine Unterstützung.

Zusammenfassung

Nachdem Sie mit Ihrer Selbsthypnose experimentiert haben und Ihre Ruhe und Gelassenheit genießen, haben wir uns Möglichkeiten angeschaut, Ihre Trance noch besser zu nutzen. Sie können den roten Faden, Ihr Wunschthema, spielerischer, leichter verfolgen, wenn Sie Ihr Vorgespräch laut formulieren.

Führen Sie ein Selbstgespräch. Schreiben Sie Ihre Vorstellungen auf und lesen Sie diese anschließend laut vor. Zusätzlich können Sie die Autosuggestionen mit einem persönlichen „Schalter" verankern. Suchen Sie Ihre persönliche Geste, Berührung oder ein bestimmtes Wort, das Sie mit der Suggestion verbinden.

QUELLENANGABEN

[←1]

Nervenkitzel", Prof. Dr. Dr. Manfred Spitzer, Suhrkamp

[←2]

Freud, Anthony Storr, Herder / Spektrum

[←3]

Kompaktkurs Hypnose, Tad James, Junfermann

[←4]

Die hohe Schule der Hypnose, Kurt Tepperwein, mvg Verlag

[←5]

Autosuggestion, Emile Coué, Oesch Verlag

[←6]

Kompaktkurs Hypnose, Tad James, Junfermann

[←7]

Handbuch des autogenen Trainings, Bernt Hoffmann, Weltbild Verlag

[←8]

Hypnose, Milton H. Erickson, pfeiffer bei Klett-Cotta

[←9]

Wilhelm, Diekelmann - Universität Lübeck, 2010

[←10]

Magische Medizin, Theo Löbsack, Bastei Lübbe

[←11]

Das Arbeitsbuch zur Trance, Kay Hoffman, Kailash

[←12]

Kompaktkurs Hypnose, Tad James, Junfermann

[←13]

Der Name des Verfassers ist dem Autor bekannt. Der Text ist hier original abgebildet. Es wurde nichts hinzugefügt, weggelassen oder verändert. Der Text spiegelt die Meinung des Verfassers wieder.

[←14]

Meyers Lexikon Online

[←15]

Kognitive Psychologie, John R. Anderson, Spektrum

[←16]

Kognitive Psychologie, John R. Anderson, Spektrum

[←17]

Das Psychologie-Buch, DK

[←18]

: Journal of Personality and Social Psychology 1978, Vol. 36, No. 6, 635-642

[←19]

Hasher, L., Goldstein, D., & Toppino, T. (1977). Frequency and the Conference of Referential Validity. Journal of Verbal Learning and Verbal Behavior

[←20]

Der Name des Verfassers ist dem Autor bekannt. Der Text ist hier original abgebildet. Es wurde nichts hinzugefügt, weggelassen oder verändert. Der Text spiegelt die Meinung des Verfassers wieder.

[←21]

Der Name des Verfassers ist dem Autor bekannt. Der Text ist hier original abgebildet. Es wurde nichts hinzugefügt, weggelassen oder verändert. Der Text spiegelt die Meinung des Verfassers wieder.

[←22]

Das lesende Gehirn, Maryanne Wolf, Spektrum Taschenbuch

[←23]

Der Name des Verfassers ist dem Autor bekannt. Der Text ist hier original abgebildet. Es wurde nichts hinzugefügt, weggelassen oder verändert. Der Text spiegelt die Meinung des Verfassers wieder.

[←24]

Einführung in die Psychologie, Bourne & Ekstrand, Verlag Dietmar Klotz

ÜBER DEN AUTOR

Der Autor arbeitet seit vielen Jahren mit Hochleistungs- und Profisportlern zusammen. Er begleitet sie beim Training und bei internationalen Wettbewerben.

Die Athleten stehen bei ihren Wettkämpfen oft unter hohem Druck und sind enormem Stress ausgesetzt. Werner unterstützt die Sportler in diesen Ausnahmesituationen, ihre Leistungsfähigkeit voll entfalten zu können. Häufig kommt bei diesem Teil seiner Arbeit Hypnose zum Einsatz. Zusammen mit den Sportlern und deren Trainern werden Maßnahmen erarbeitet , die von den Athleten in einem entspannten Bewusstseinszustand leichter in ihr Training zu integrieren sind. Um den Sportlern während ihres Trainingsalltags ein Werkzeug an die Hand zu geben, mit dem sie diese Entspannung auch ohne Unterstützung von außen erreichen können, hat der Autor ein eigenes System zur Selbsthypnose entwickelt.

Auch außerhalb der Welt des Hochleistungssports ist das System zur Nutzung der Selbsthypnose erprobt. Seit Jahren gibt Matthias Werner sein Wissen in Seminaren an seine Teilnehmer weiter. Die Beweggründe der Seminarteilnehmer sind seit jeher sehr unterschiedlich. Es geht von Raucherentwöhnung über Flug – und Prüfungsangst bis zur Angst vor dem nächsten Zahnarztbesuch. In all diesen Fällen leistet die Selbstbeeinflussung gute und hilfreiche Dienste.

31072265R00063

Printed in Poland
by Amazon Fulfillment
Poland Sp. z o.o., Wrocław